Forum Sprache

Praxis der französischen Grammatik

Forum Sprache

ein Fachbuch-Programm für alle, die Fremdsprachen unterrichten und studieren

Ausgewählte Titel:

Augé, H. u. a.
Kommunikative Lernspiele für den Französischunterricht

Borgwardt, U. u. a.
Kompendium Fremdsprachenunterricht
Leitfaden zum didaktisch-methodischen Grundwissen

Jones, K. / Edelhoff, Ch. u. a.
Simulationen im Fremdsprachenunterricht
Handbuch

Maley A. / Duff, A.
Szenisches Spiel und freies Sprechen im Fremdsprachenunterricht
Grundlagen und Modelle für die Unterrichtspraxis

Raasch, A.
Arbeitsbuch Linquistik
Texte, Materialien, Begriffserläuterungen

Rampillon, U.
Lerntechniken im Fremdsprachenunterricht
Handbuch

Reisener, H.
Motivierungstechniken im Fremdsprachenunterricht
Übungsformen und Lehrbucharbeit mit englischen und französischen Beispielen

Rüschoff, B.
Fremdsprachenunterricht mit computergestützten Materialien
Didaktische Überlegungen und Beispiele

Ur, P.
Hörverständnisübungen
Mit englischen und französischen Beispielen

Zimmermann, G.
Grammatik im Fremdsprachenunterricht der Erwachsenenbildung
Ergebnisse empirischer Untersuchungen

Zimmermann, G. / Wißner-Kurzawa, E.
Grammatik: lehren – lernen – selbstlernen
Zur Optimierung grammatikalischer Texte im Fremdsprachenunterricht

Hartmut Kleineidam · Michel Vincent

Praxis der französischen Grammatik

Übungen für Fortgeschrittene

Hueber

Lektorat: Dr. Angela Jurinek
Umschlaggestaltung: Planungsbüro Winfried J. Jockisch, Düsseldorf
Layout: Verlagsbüro Langbein Wullenkord, München

CIP-Kurztitelaufnahme der Deutschen Bibliothek

Kleineidam, Hartmut:
Praxis der französischen Grammatik:
Übungen für Fortgeschrittene/Hartmut Kleineidam;
Michel Vincent. – München [i.e. Ismaning]: Hueber
(Forum Sprache)
Früher u.d.T.: Kleineidam, Hartmut:
Übungen zur Morphosyntax des Französischen
NE: Vincent, Michel:
[Hauptbd.] – Überarb. Neuaufl. 1. Auf., 3. Dr. – 1995
ISBN 3–19–006993–X

5. 4. 3. | Die letzten Ziffern
1999 98 97 96 95 | bezeichnen Zahl und Jahr des Druckes.
Alle Drucke dieser Auflage können, da unverändert
nebeneinander benutzt werden.
1. Auflage

Satz: FoCoTex Klaus Nowak, Berg/Starnberger See
Druck: Heinzelmann Offsetdruck GmbH, München
Printed in Germany

ISBN 3–19–006993–X

Vorwort

Das vorliegende Übungsbuch ist der *Nachfolger* der im gleichen Verlag erschienenen *Übungen zur Morphosyntax des Französischen* (Hueber Hochschulreihe 32). Es ist jedoch mehr als eine bloße Neuauflage seines Vorgängers. Aufgrund einer völlig veränderten Gesamtgestaltung, der Neukonzeption zahlreicher Übungen und der Aktualisierung der Übungsinhalte ist ein weitgehend neues Buch entstanden.

Das neue Übungsbuch wendet sich vorwiegend an Studierende des Französischen an *Hochschulen*, aber auch an Schülerinnen und Schüler der gymnasialen *Oberstufe*. Es setzt sich zum Ziel, den Benutzer zu normgerechtem sprachlichen Verhalten in wesentlichen Bereichen der Grammatik des Französischen zu führen. Bei den behandelten grammatischen Erscheinungen wird dabei nicht nur die Norm des *geschriebenen Französisch* zugrunde gelegt, sondern auch *oralen Strukturen* ein gebührender Platz eingeräumt. Bei der Konzeption des Buches gingen die Verfasser von der Erfahrung aus, daß die sprachlichen Kenntnisse der Studierenden vor allem in den Anfangssemestern in der Regel einer Festigung und Erweiterung bedürfen, ehe komplexere Aufgaben, insbesondere die allerorts nach wie vor geforderte Übersetzung von Originaltexten in die Fremdsprache, sinnvoll angegangen werden können. Dieser Feststellung widerspricht nicht, daß das vorliegende Buch neben einsprachigen Übungen auch zahlreiche Übersetzungstexte enthält. Die Übersetzung von Einzelsätzen und Texten, die auf das jeweils dargestellte grammatische Phänomen zugeschnitten sind, ist hier nicht Selbstzweck, sie dient der Bewußtmachung zwischensprachlicher Kontraste und ermöglicht ein konzentriertes Üben bestimmter grammatischer Komplexe.

Die Auswahl der in dem Übungsbuch behandelten Erscheinungen erfolgte unter Berücksichtigung des Aspektes der *Kontrastivität* des Deutschen und des Französischen sowie auf der Grundlage der Erfahrung, daß bestimmte Bereiche der Grammatik des Französischen häufige Fehlerquellen für Deutsche darstellen. Ein besonderes Gewicht wurde auf die Darstellung solcher Erscheinungen gelegt, die für die *Textproduktion* von Bedeutung sind:

- die Verknüpfung von Elementen im Satz und von Sätzen im Text: Funktion von Präpositionen (Kap. 5) und Konjunktionen (Kap. 12) als Junktoren,
- textgrammatische Strukturen wie Passiv (Kap. 9), Discours und Récit (Kap. 14), Redeerwähnung (Kap. 15).

Dem jeweiligen grammatischen Problem kommt in den einzelnen Übungen zwar eine Steuerungsfunktion zu, doch wurde darüber hinaus versucht, dem Beispielmaterial auch eine *thematische Kohärenz* zu geben. Dies geschah im allgemeinen durch die Einbettung des zu übenden grammatischen Phänomens in kleinere Texte, welche Alltagssituationen oder Fragen des politischen, wirtschaftlichen oder kulturellen Lebens thematisieren, bzw. durch die Zuordnung von Einzelsätzen zu einem übergeordneten Thema. Diesem Vorgehen liegt nicht zuletzt die Absicht zugrunde, dem Benutzer des Buches ein *aktuelles landeskundliches Vokabular* zu vermitteln.

Das vorliegende Übungsmaterial ist in erster Linie für die Verwendung in Lehrveranstaltungen gedacht. Es kann darüber hinaus zusammen mit dem Schlüssel als Lern- und Wiederholungsprogramm im Selbststudium benutzt werden. Der Orientierung des Benutzers dienen die zu Anfang eines jeden Kapitels gegebenen systematischen Einführungen und Übersichten **(Présentations générales)** sowie der gezielte Hinweis auf zwei verbreitete **Referenzgrammatiken des Französischen** (J.-P. Confais: *Grammaire explicative. Schwerpunkte der französischen Grammatik für Leistungskurs und Studium.* München, 2. Aufl. 1983; sowie H.-W. Klein/H. Kleineidam: *Grammatik des heutigen Französisch.* Stuttgart 1983.) Damit soll keineswegs die Benutzung des Übungsbuchs in Verbindung mit anderen Grammatiken ausgeschlossen, sondern nur eine Orientierungsmöglichkeit aufgezeigt werden. Weitere Hilfen gibt der Schlüssel mit Einzelerklärungen und Verweisen auf leicht zugängliche Nachschlagewerke (M. Grevisse: *Le Bon Usage.* Paris-Gembloux, 12. Aufl. 1986; sowie J. Hanse: *Nouveau dictionnaire des difficultés du français moderne.* Paris-Gembloux 1983.)

Die Verfasser danken an dieser Stelle Gilles Fontaine, der versucht hat, durch einige themenbezogene Illustrationen das Übungsbuch leserfreundlicher zu gestalten. Dank gilt auch Uwe und Gero für ihre sachkundige Mithilfe bei der Durchsicht der Texte auf lexikalische Schwierigkeiten und Thomas Tinnefeld für seinen unermüdlichen Einsatz bei der technischen Erstellung der Druckvorlage.

Hartmut Kleineidam † / Michel Vincent

Abkürzungen und Symbole

BU	M. Grevisse: *Le Bon Usage.* 12ᵉ édition refondue par A. Goosse. Paris-Gembloux 1986.
GE	J.-P. Confais: *Grammaire explicative.* München ²1983.
NDDF	J. Hanse: *Nouveau dictionnaire des difficultés du français moderne.* Paris-Gembloux 1983.
GhF	H.-W. Klein/H. Kleineidam: *Grammatik des heutigen Französisch.* Stuttgart 1983.
H	Verweis auf Referenzwerke.

Das Sternchen * bezeichnet ungrammatische Wortfolgen.
Der Schrägstrich / kennzeichnet alternativ verwendbare Elemente.

Table des matières

A. Le groupe nominal et le groupe prépositionnel

Chapitre 1: Les articles

Chapitre 2: Déterminants et pronoms: les possessifs, les démonstratifs et les indéfinis

Chapitre 3: Les pronoms personnels et les pronoms adverbiaux

Chapitre 4: L'adjectif

Chapitre 5: Les prépositions

B. Le groupe verbal

Chapitre 6: Le verbe et ses formes: les auxiliaires *avoir* et *être*

Chapitre 7: Le verbe et ses compléments

C. Phrase et texte

Chapitre 8: La phrase interrogative

Chapitre 9: La phrase passive

Chapitre 10: La proposition relative

Chapitre 11: Le mode dans la complétive

Chapitre 12: La proposition circonstancielle

Chapitre 13: Participe présent, adjectif verbal et gérondif

Chapitre 14: L'emploi des temps verbaux dans le texte

Chapitre 15: Le discours rapporté

A

Le groupe nominal et le groupe prépositionnel

Chapitre 1
Les articles

Présentation générale

Les exercices suivants portent sur

1. l'opposition entre **l'article défini** *le, la, les* et **l'article indéfini** *un, une, des* ou **l'article partitif** *du, de la*:

Le poisson est bon. **Les** vrais amis sont rares.	Mangez **du** poisson. Nous avons **des** amis en Auvergne.
(affirmation à caractère général)	(affirmation à caractère particulier)

2. l'opposition entre **l'article défini** et **l'absence d'article** après les prépositions *de* et *à* dans un groupe prépositionnel complément d'un verbe ou d'un nom:

J'ai besoin **des** livres que je t'ai prêtés. La construction **des** autoroutes allemandes a été commencée avant la Seconde Guerre mondiale.	J'ai besoin **de** livres sur le nouveau roman. La construction **d'**autoroutes s'est révélée nécessaire pour faire face à l'accroissement de la circulation.
(ensemble quantitativement déterminé ou déjà mentionné)	(ensemble quantitativement non déterminé ou pas encore mentionné)

3. l'opposition entre *de* et *des* après les **expressions de quantité**:

Le samedi il y a toujours **une** foule **de** clients à la Samaritaine.	L'explosion a semé la panique dans **la** foule **des** clients.
(ensemble pas encore mentionné)	(ensemble déjà mentionné)

4. l'opposition entre **l'article** et **l'absence d'article** dans les **phrases négatives**:

Je n'ai pas commandé **de** café parce que je le supporte mal.	Je n'ai pas commandé **du** café, mais du thé.
(négation de toute la phrase)	(négation du groupe objet)

5. l'emploi de l'article avec les prépositions *à, dans, de, en* devant les **noms géographiques**:

Son frère est arrivé **du** Portugal, **d'**Allemagne.	
Il repartira	**au** Mexique, **en** Asie,
	dans le Gers, **en** Saône-et-Loire.

6. d'autres **cas particuliers:** noms de personnes, noms de jours, mois ..., article dans l'apposition, noms précédés d'un adjectif qualificatif.

H GE chap. 15; GhF chap. 3, 35–52

---

1 Article défini *le, la* vs. article partitif *du, de la*

Traduisez en employant l'article défini ou l'article partitif.

1. – Was möchtest Du trinken? Milch oder Wasser?
   – Wasser. Ich mag keine Milch. Außerdem löscht Wasser den Durst besser als Milch.
2. – Möchten Sie Kaffee oder Tee?
   – Mir ist Tee lieber. Ich vertrage nämlich keinen Kaffee, und deshalb habe ich mich daran gewöhnt, nur Tee zu trinken.
3. Haben Sie in diesem Lokal schon Fisch gegessen? Hier ist Fisch nämlich immer ausgezeichnet.
4. Zu Fisch empfehle ich Ihnen Weißwein. Wein paßt sowieso besser zu Fisch als Bier.
5. – Nehmen Sie Olivenöl oder Erdnußöl zum Salatanmachen?
   – Erdnußöl, weil es billiger ist als Olivenöl.
6. – Essen Sie oft Weißbrot?
   – Nein, Weißbrot macht dick!
7. Nikotin ist gesundheitsschädlich. Man sagt allerdings, daß Pfeiferauchen gefährlicher sei als Zigarettenrauchen.
8. In dieser Gegend findet man leicht Fremdenzimmer. Sie bieten zwar keinen besonderen Komfort, aber sie haben immerhin fließendes Wasser und Zentralheizung.
9. Mit Geld kann man viel machen.
10. Es heißt, Geld mache nicht glücklich; aber es ist beruhigend, welches zu haben.

1. den Durst löschen *désaltérer*
2. etw. vertragen *supporter qc*
5. das Erdnußöl *l'huile (f.) d'arachide*
6. dick machen *faire grossir*
7. das Nikotin *la nicotine*
8. fließendes Wasser *l'eau (f.) courante*

▶ 2 Article défini *les* vs. article indéfini *des*

Traduisez en employant l'article défini ou l'article indéfini.

1. – Als Vorspeise nehme ich Artischocken.
   – Wollen Sie nicht lieber Spargel bestellen? Es ist jetzt Spargelzeit.
   – Nein danke. Ich mag Artischocken lieber als Spargel.
2. Auf dem Markt hat er Avokados und Paprika gekauft.
3. Avokados und Paprika sind reich an Vitamin C.
4. Algerier und Portugiesen bilden die zwei größten Gastarbeitergruppen in Frankreich.
5. Ich kenne Algerier, die sich nicht mehr vorstellen können, woanders als in Frankreich zu leben.
6. Katzen sind zwar Haustiere, aber ich kenne Leute, die auf keinen Fall Katzen in ihrer Wohnung haben möchten.
7. Die Wolffs sind Freunde, auf die wir uns jederzeit verlassen können.
8. Gute Freunde erkennt man vor allem in schwierigen Situationen.
9. Französische Touristen sind fast immer überrascht, wenn sie in vielen deutschen Lokalen Brot extra bestellen müssen.
10. Französische Touristen wurden in der Türkei wegen Rauschgifthandels verhaftet.
11. Er wurde von Hunden gebissen.
12. Hunde müssen in diesem Park an der Leine geführt werden.

1. die Artischocke *l'artichaut (m.)*
   die Spargelzeit *ici: la saison (des asperges)*
2. der Avocado *l'avocat (m.)*
4. der Gastarbeiter *le travailleur immigré*
6. das Haustier *l'animal (m.) domestique*
8. erkennen *ici: reconnaître*
9. etw. extra bestellen *commander qc en plus/à part*
10. der Rauschgifthandel *le trafic de stupéfiants*
12. an der Leine führen *tenir en laisse*

▶ 3 *De, à* vs. *des, aux* dans un groupe prépositionnel complément d'un verbe

Traduisez en employant les verbes indiqués entre parenthèses.

1. Dieser Verein kümmert sich *(s'occuper)* seit langem um behinderte Kinder.
2. Diese Gruppe von jungen Leuten kümmert sich *(s'occuper)* am Wochenende oft um die behinderten Kinder, die in unserem Viertel leben.
3. Ich brauche *(avoir besoin)* die Bücher, die ich Ihnen vor einiger Zeit geliehen habe, um mich auf die Prüfung vorzubereiten.
4. Wenn Sie für Ihr Referat Bücher brauchen *(avoir besoin)*, gehen Sie zur Französischen Bibliothek.
5. Herr Streit besucht *(assister)* häufig Vorträge über französische Literatur und Landeskunde.

6. Er nimmt regelmäßig an den Veranstaltungen des französischen Kulturzentrums teil *(assister)*.
7. Ich habe heute nacht von dir geträumt *(rêver)*.
8. Er träumt *(rêver)* nur noch von sonnigen Ferien auf einer einsamen Insel.
9. Janine hat endlich die vielen Schulden bezahlt *(s'acquitter)*, die sie in den letzten drei Jahren gemacht hat.
10. Der Betriebsrat hat zahlreiche Aufgaben zu erledigen *(s'acquitter)*.
11. Unsere Entscheidung ist auf Schwierigkeiten zurückzuführen *(être dû, résulter)*, die im letzten Augenblick entstanden sind.
12. Die Entscheidung des Ministeriums ist auf die augenblicklichen wirtschaftlichen Schwierigkeiten zurückzuführen *(être dû, résulter)*.
13. Auf seiner Pressekonferenz sprach *(parler)* der Regierungschef zunächst über außenpolitische Probleme. Später kam er auf Fragen der nationalen Sicherheit zu sprechen *(parler)*.
14. Der Erfolg der Reise des Innenministers hängt von Ereignissen ab *(dépendre)*, die er nicht vorhersehen kann.
15. Die Entscheidung des Ministerrats wird von den Ergebnissen des Gipfeltreffens der Regierungschefs in Brüssel abhängen *(dépendre)*.

1. behindert *handicapé, ée*
4. das Referat *l'exposé (m.)*
5. der Vortrag *la conférence/l'exposé (m.)*
   die Landeskunde *la civilisation*
6. die Veranstaltung *la manifestation/la réunion*
8. einsam *ici: désert, te*
10. der Betriebsrat *le comité d'entreprise/d'établissement*
12. das Ministerium *le ministère*
13. der Regierungschef *le chef du gouvernement*
    die nationale Sicherheit *la sécurité nationale*
15. der Ministerrat *le Conseil des ministres*
    das Gipfeltreffen *la rencontre au sommet*

4 *De* vs. *des* dans un groupe prépositionnel complément d'un nom

Complétez.

Implantation de micro-ordinateurs dans tous les établissements scolaires

Le plan *Informatique pour tous* veut favoriser la rencontre de tous les Français avec un ordinateur et prévoit d'équiper chaque école d'un atelier d'informatique.

o L'informatisation ... établissements scolaires va s'étaler sur cinq ans.
o L'équipement ... écoles en matériel informatique s'accompagnera d'un plan de formation ... enseignants.
o Ces derniers devront suivre un stage d'initiation à l'utilisation ... ateliers d'informatique.

- Les frais d'hébergement ... enseignants et l'achat ... logiciels seront pris en charge par l'administration de l'Education nationale.

Cette micro-informatisation ... écoles a déjà conduit les constructeurs ... micro-ordinateurs à augmenter leur production ... logiciels d'enseignement. D'autres maisons, jusque-là spécialisées dans la fabrication ... matériels pédagogiques, ont également décidé de se lancer dans la production ... logiciels; des éditeurs ... manuels scolaires par exemple.

le stage d'initiation (f.) der Einführungskurs
le logiciel die Software

▸ 5 *De* vs. *des* après les expressions de quantité

Complétez.

1. Dans l'Hérault, une importante foule ... viticulteurs a manifesté contre les mesures prises par le gouvernement. Dans le courant de l'après-midi, la foule ... manifestants a été dispersée par les forces de l'ordre.
2. La visite du ministre de l'Agriculture et du ministre de l'Environnement a été troublée par un groupe ... écologistes.
3. Au Parlement européen, le groupe ... Ecologistes a désapprouvé les propositions de la Commission.
4. Le mois dernier, le nombre ... chômeurs inscrits à l'A.N.P.E. a légèrement diminué.
5. Les nouvelles mesures prises par le gouvernement concernent un grand nombre ... chômeurs.

6. Cet été, 54% ... Français, soit 30 millions ... personnes, sont partis en vacances pour une durée moyenne de 20 jours.
7. Après la campagne de promotion touristique menée aux Etats-Unis, près de 25% ... visiteurs américains supplémentaires sont attendus cet été en France.
8. La majorité ... députés a adopté le projet de loi du gouvernement.
9. Une majorité écrasante ... députés a voté contre la motion de censure déposée par l'opposition.
10. Une vingtaine ... ingénieurs français viennent de développer un micro-ordinateur non seulement sophistiqué mais aussi très compétitif.
11. La vingtaine ... ingénieurs ayant participé au développement de ce micro-ordinateur étaient tous issus de la même société.
12. Je viens d'acheter une boîte ... vis.
13. Jean a encore oublié de me rendre la boîte ... vis que je lui avais prêtée.
14. Mon beau-frère a eu un tas ... histoires avec l'administration.
15. Il m'a montré le tas ... papiers qu'il a dû remplir.
16. J'ai acheté plusieurs paniers ... fraises au marché.
17. Tu vas chercher le panier ... fraises qui est à la cave?

1. *disperser une foule* eine Menge auseinandertreiben
2. *l'écologiste (m.)* der Umweltschützer
4. *l'A.N.P.E. = Agence Nationale pour l'Emploi* französische Arbeitsverwaltung/Arbeits(markt)behörde
9. *la motion de censure* der Mißtrauensantrag
10. *sophistiqué, ée* (hoch)kompliziert
compétitif, ive wettbewerbsfähig
12. *la vis* die Schraube

6 *De* vs. *des* après les expressions de quantité

Traduisez.

Die erste Linksregierung der V. Republik

Nach den Meinungsumfragen hatte 1981 der Kandidat der Rechten genauso viele Aussichten, die Wahl zu gewinnen, wie der Kandidat der Linken. Millionen Franzosen haben damals die ersten Hochrechnungen im Fernsehen und im Radio verfolgt. Etwa 48% der Wähler stimmten für den Vertreter der Rechten, aber mehr als die Hälfte der Franzosen (52%) haben links gewählt. Sehr viele junge Wähler haben sich für das gemeinsame Programm der Kommunisten und der Sozialisten ausgesprochen. Bei diesen Wahlen gab es weniger Stimmenthaltungen als früher, und relativ wenige Wähler sind nicht zur Wahl gegangen. Viele Franzosen wußten zwar, daß der größte Teil der Versprechungen, die während der Wahlkampagne gemacht worden waren, nicht gehalten werden konnte. Die meisten von ihnen hofften aber, daß die neue Linksregierung viel weniger Fehler im sozialen, wirtschaftlichen und politischen Bereich machen würde als die vorherige.

die Meinungsumfrage *le sondage d'opinion*
die Hochrechnung *l'estimation (f.)*
links wählen *voter à gauche*
sich für etwas aussprechen *donner sa voix pour qc/se prononcer pour qc*
das gemeinsame Programm *le programme commun*
die Stimmenthaltung *l'abstention (f.)*
zur Wahl gehen *aller voter/aller aux urnes*
die Wahlkampagne *la campagne électorale*
Versprechungen halten *tenir des promesses*

▶ 7 Article vs. absence d'article dans les phrases négatives

Complétez.

1. – Votre ami, connaît-il des gens là où il habite maintenant?
   – Non, il n'a pas ... amis ni ... parents non plus.
2. – Comment se fait-il qu'il n'y ait pas ... fleurs?
   – Sur le faire-part de décès, on disait qu'il ne fallait envoyer ni ... fleurs ni ... couronnes.
3. Les enfants, venez manger! J'espère que vous n'avez pas ... mains sales. Je n'ai pas ... temps à perdre. Papa n'a pas eu ... temps de vous attendre; il est déjà reparti au bureau.
4. – Vous prenez ... café avec ou sans ... sucre?
   – Sans ... sucre. D'ailleurs, ça fait deux ans que je ne prends plus ... sucre.
5. Je n'ai pas acheté ... girolles, mais ... trompettes de la mort. Mais ne vous inquiétez pas, les trompettes de la mort ne sont pas ... champignons vénéneux, mais ... champignons comestibles.
6. – Pourquoi il ne boirait pas ... lait s'il n'y a pas ... jus d'orange?
   – Il n'aime pas ... lait!
7. – Je ne pensais pas vous faire ... peine en agissant comme je l'ai fait.
   – Mais il faut bien dire que vous ne vous êtes pas donné ... peine pour me mettre à l'aise.
8. Nous ne gagnons pas ... argent pour que toi, tu le jettes par les fenêtres. Comment ça se fait que tu n'aies jamais ... argent? On t'en donne pourtant assez.
9. Pour une fois mes voisines se sont rencontrées sans échanger ... propos venimeux. J'avais pourtant peur que cela tourne mal parce que normalement elles ne peuvent pas se voir sans se dire ... méchancetés.
10. – Je peux vous appeler ce soir?
    – Je regrette, mais je n'ai pas encore ... téléphone.

2. *le faire-part de décès* die Todesanzeige
5. *la girolle* der Pfifferling
   la trompette de la mort die Herbst-, Totentrompete
   comestible eßbar, genießbar
10. *des propos venimeux* giftige/bissige Bemerkungen

8 Les prépositions *à, dans, de, en* et l'article devant les noms géographiques

Complétez en employant une des prépositions indiquées et l'article, s'il y a lieu.

Nouvelles brèves

1. L'ambassadeur ... France ... Liban a été nommé délégué du gouvernement français ... Nouvelle-Calédonie.
2. Le Pape a quitté Rome pour un voyage de douze jours ... Amérique du Sud qui le conduira successivement ... Venezuela, ... Equateur et ... Pérou.
3. Londres craint un regain de tension ... Irlande du Nord.
4. Le nouveau président ... Brésil a, dès son élection, entrepris une tournée de deux semaines à l'étranger. Il s'est rendu ... Italie, ... Vatican, ... Portugal, ... Etats-Unis, ... Mexique, ... Argentine. Il a rencontré le chef de l'Etat à Latché ... Landes où celui-ci a une maison de campagne.
5. ... Algérie, les autorités viennent de lancer un programme d'action pour limiter la croissance démographique. Cependant il est exclu pour le moment que l'Etat ait recours à des méthodes contraignantes comme ... Inde ou ... Chine.
6. Les dirigeants des communautés chypriotes grecque et turque se sont rencontrés pour discuter d'un projet prévoyant le retour à un gouvernement fédéral ... Chypre.
7. Venant ... Suisse, le ministre de l'Agriculture s'est arrêté ... Beaujolais, ... Bourgogne et ... Champagne.
8. Après l'assassinat d'un diplomate jordanien ... Roumanie et le détournement d'un airbus ... Iran, une nouvelle série d'attentats va-t-elle avoir lieu ... Proche-Orient?
9. On enregistre actuellement un tassement des ventes françaises ... Israël.
10. Un important gisement de tungstène vient d'être découvert ... Groenland.
11. Dans une enquête parue dans le Nouvel Observateur portant sur les particularismes régionaux, on peut lire que ... Languedoc-Roussillon le taux de chômage est plus élevé que ... Alsace, que l'alcool tue plus ... Bretagne et en particulier ... Morbihan qu'ailleurs et qu'on divorce quatre fois plus ... Alpes-Maritimes que ... Finistère.
12. L'opposition est sortie gagnante des élections cantonales partielles qui se sont déroulées ... Saône-et-Loire, ... Yvelines, ... Pyrénées-Orientales. La majorité l'a emporté ... Cher.
13. L'équipe ... Allemagne a battu celle de ... Malte par 2 buts à 1. L'Angleterre n'a pu faire que match nul contre l'équipe ... Mexique.
14. La chasse sous-marine ... Méditerranée s'est énormément développée.

3. *un regain de tension* ein Wiederansteigen der Spannung
5. *la croissance démographique* das Bevölkerungswachstum
10. *le gisement* Vorkommen
le tungstène Wolfram

▶ 9 Article vs. absence d'article

[noms propres de personnes; noms de jours, mois, ...; noms précédés d'un adjectif qualificatif ou d'un déterminant indéfini; apposition]

Complétez en rajoutant une préposition, s'il y a lieu.

1. ... docteur Boissonnade, ... chargé de cours à la faculté de médecine de Caen, a donné une conférence ... lundi au Centre Hospitalier Universitaire à laquelle ont assisté ... nombreux participants. Parmi ... différents problèmes qu'il a abordés, celui de la grève des internes a particulièrement retenu l'attention du public.
2. ... lundi ... Pâques, ... Noblet ont eu ... énormes problèmes de circulation; ... lundi matin, ils ont été témoins ... nombreux accidents dus au brouillard et un peu avant ... midi, ils sont restés bloqués une heure dans un embouteillage. Ils ne sont finalement arrivés à Paris que vers ... cinq heures ... après-midi. S'ils étaient partis ... mardi, ils auraient eu certainement moins de difficultés.
3. Paris vaut toujours un voyage. Quand j'y suis allé la semaine après ... Toussaint, j'ai assisté à ... bonnes pièces de théâtre. Par contre, je ne suis pas allé au cinéma et je le regrette. En effet, depuis que je suis de retour, mon ami n'arrête pas de me parler ... bons films qu'il a vus à Paris ... fin ... octobre.
   Comme je logeais dans un foyer international, j'ai rencontré ... jeunes gens et ... jeunes filles ... différentes nationalités. Un jour, nous avons décidé d'aller au Louvre. Mais comme c'était ... mardi et que ... mardi les musées sont fermés, nous sommes allés aux Galeries Lafayette et au Printemps. Ce sont ... grands magasins situés sur le boulevard Hausmann. De toute façon, à Paris il y a toujours ... autres choses intéressantes à faire. J'irai au Louvre la prochaine fois. Je compte retourner d'ailleurs à Paris ... mois ... février.
4. Strasbourg, ... véritable capitale régionale, est le siège du Parlement européen. C'est non seulement un centre culturel avec une université de très bon niveau et ... excellentes écoles mais aussi un grand centre économique et commercial. D'ailleurs ... différentes entreprises, dont ... très grands magasins d'alimentation, se sont installées à la périphérie de la ville.

1. *aborder un problème* ein Problem zur Sprache bringen/aussprechen — *la grève des internes* der Streik der Assistenzärzte

▶ 10 Révision

1. Seine Schwiegereltern haben eine vierzehntägige Reise auf die Seychellen geplant. Das ist eine Inselgruppe im Indischen Ozean, nordöstlich von Madagaskar. Letztes Jahr sind sie auf den Balearen gewesen.

2. Die meisten Franzosen nehmen ihren Urlaub in der zweiten Juli- und in der ersten Augusthälfte. Zahlreiche Familien verbringen die Ferien auf dem Land oder bei Verwandten. Dieses Jahr ist eine große Anzahl der Hotelzimmer unbesetzt geblieben.
3. Sehr viele Pariser haben das Pfingstwochenende genutzt, um aufs Land zu fahren. Die meisten von ihnen sind schon am Freitag abend losgefahren.
4. Ich habe bisher keine Gelegenheit gehabt, mit meinem Bekannten über die jungen Leute zu sprechen, die er gestern abend eingeladen hatte. Aber er weiß, daß ich keine Leute mag, die immer alles besser wissen wollen.
5. Sie haben Bier auf der Tischdecke verschüttet? ... Das ist nicht schlimm, Bier gibt keine Flecken.
6. Unser Bekannter ist ein Weinkenner. Er hat den Elsäßer neulich gut gefunden, obwohl er behauptet hat, schon bessere getrunken zu haben. Sie haben gut daran getan, ihm keinen Edelzwicker vorzusetzen; er mag nämlich keinen Edelzwicker.
7. Seine Frau interessiert sich nicht für Politik; es würde ihr nie einfallen, an Wahlveranstaltungen teilzunehmen.
8. Kurznachrichten:
   - Israel hat seine im Libanon stationierten Truppen zurückgezogen.
   - Königin Elisabeth von England ist Anfang Juni mit Papst Johannes-Paul II. im Vatikan zusammengetroffen.
   - Jean de la Margerie ist zum Botschafter Frankreichs in Dänemark ernannt worden.
   - Deutsche Touristen haben in Sardinien einen Waldbrand verursacht.
   - Wegen des Streiks der Museumswärter werden am Mittwoch zahlreiche Museen geschlossen bleiben.

1. etw. planen *ici: prévoir qc.*
7. die Wahlveranstaltung *la réunion électorale*
8. der Waldbrand *l'incendie de forêt*
   der Museumswärter *le gardien (de musée)*

Chapitre 2
Déterminants et pronoms: les possessifs, les démonstratifs et les indéfinis

Présentation générale

Selon leur forme et leur fonction syntaxique, il faut distinguer en français les **déterminants** (Begleiter) et les **pronoms** (Pronomen):

déterminants

articles	déterminants démonstratifs	déterminants possessifs	déterminants indéfinis
le, la ...	*ce, cette ...*	*mon, ma ...*	*chaque, quelques ...*

pronoms

pronoms personnels	pronoms démonstratifs	pronoms possessifs	pronoms indéfinis
me, te, le ...	*celui (-ci/-là), cela ...*	*le mien, le tien ...*	*chacun, quelques-uns ...*

Les **déterminants** *accompagnent* le nom pour former avec lui, et facultativement avec d'autres éléments, le groupe nominal: *la* voiture, *mon* mari, *ce* garçon, *chaque* fois ...

Les **pronoms** *prennent* dans la phrase *la place* d'un groupe nominal:

– Vous prenez ce livre? – Non, je prends *celui-là* (= ce livre-là).

– C'est la voiture de votre frère? – Non, c'est *la mienne* (= *la voiture de moi).

– Je viens d'acheter des oranges. – Oui, mais *quelques-unes* sont déjà pourries (= quelques oranges).

Les exercices portent sur

- o les différences d'emploi existant entre les **déterminants/pronoms** allemands et français:

Zieh dir *die* Jacke aus.	Enlève **ta** veste.
Ist das *dein* oder *mein* Buch?	C'est **ton** livre ou **le mien**?
Jede Sache hat *ihre* guten und schlechten Seiten.	Toute chose a **ses** bons et **ses** mauvais côtés.

- o les différences de forme et de fonction existant entre **déterminants** et **pronoms** en français:

– Marc a apporté **quelques** policiers.	... *einige*
– J'**en** ai déjà lu **quelques-uns**.	
– Moi, je les ai **tous** lus.	... *alle*
– Oui, **tous les** policiers de Boileau-Narcejac sont intéressants.	

H GhF chap. 3, 53–56, 58–64, chap. 6, 121–128, 140–146

---

1 Article ou déterminant possessif avec les parties du corps

Traduisez.

1. Wenn du in die Wohnung kommst, dann könntest du wirklich die Stiefel ausziehen! Oder putz dir doch wenigstens die Füße ab! ... Hast du dir mal deine Hände angesehen? Wasch dir dein Gesicht und die Hände, bevor du dich an den Tisch setzt!
2. Beim Zahnarzt:
   »... und nun, öffnen Sie bitte den Mund! ... Ihre Zähne sind in einem schlechten Zustand. Wie oft am Tag putzen Sie sich die Zähne? ...«
3. Dieter sagt, der Kopf täte ihm weh und seine Augen schmerzten.
4. Frau Brisard hat sich das Bein gebrochen. Da ihr Fuß geschwollen war, hatte man zunächst gedacht, daß sie sich nur den Knöchel verstaucht hätte.
5. Ich habe mit eigenen Augen gesehen, wie Christine von einem Auto angefahren wurde. Man muß eben kleine Kinder an die Hand nehmen oder sie auf dem Arm tragen, wenn man die Straße überquert.
6. Hast du Patrick gesehen? Er hat jetzt ganz graue Haare.

1. sich die Füße abputzen *s'essuyer les pieds*
4. geschwollen sein *être enflé, ée*
   sich den Knöchel verstauchen *se fouler la cheville*
5. von einem Auto angefahren werden *se faire renverser/être renversé, ée par une voiture*

▸ 2 Déterminant ou pronom possessif

Traduisez.

Laurent: Bist du mit deinem Wagen zufrieden?
Patrick: Bis auf den Benzinverbrauch, ja. Er verbraucht 12 Liter. Und deiner?
Laurent: Meiner, der verbraucht weniger als 8 Liter auf 100 Kilometer.
Patrick: Das wundert mich aber! Die Bergmanns, die du ja auch kennst, haben dasselbe Auto wie du, und ihres ist lange nicht so sparsam.
Laurent: Bist du sicher? Es ist schon über fünf Jahre alt.
Patrick: Welches meinst du? Dein oder ihr Auto?
Laurent: Meins.
Patrick: Das hängt wahrscheinlich von der Fahrweise ab. Mein Schwager z.B. hat auch einen Renault, denselben wie ich, und er verbraucht wesentlich mehr als unserer. Sein Fahrstil ist allerdings sportlicher als meiner.

der Fahrstil *le style de conduite*

▸ 3 Les pronoms démonstratifs
celui, etc.; *celui-ci, celui-là,* etc.; *ceci, cela/ça, ce*

Complétez en employant les pronoms indiqués et en mettant *ce* devant les formes du verbe *être*, s'il y a lieu.

1. Les bons résultats obtenus dans les sondages par cet homme politique sont à même de bouleverser le paysage politique français. ... mêmes qui l'ont autrefois violemment critiqué, sont prêts aujourd'hui à signer avec lui des accords électoraux.
2. Les mesures prises par le gouvernement allemand, surtout ... relatives au pot catalytique, ont tout de suite été critiquées par les responsables de l'industrie automobile française.
3. – Vous prenez quels raisins?
   – ... à 9 F. le kilo. Je les préfère de beaucoup à ... qui sont en réclame.
4. Si vous le rencontrez, dites-lui ... de ma part: il peut venir me voir quand il veut, ... me ferait très plaisir.
5. – ... sont tes frères et soeurs sur cette photo?
   – Oui. Tiens, au milieu, ... est ma soeur, ... de Lyon; ... dont je viens de te parler.
6. Chez le libraire:
   – Des deux livres que vous me proposez, je préfère ... dont vous m'avez parlé en premier. Il me paraît mieux conçu que ... de chez Labrousse.

– En fait, les deux ouvrages ne sont pas comparables. ... est conçu comme un dictionnaire de langue et ... comme un dictionnaire encyclopédique.
– Et ces livres, qu'est-ce que c'est?
– ... est encore autre chose, ... sont des dictionnaires bilingues.
Tenez, ... est un dictionnaire français-allemand et ... est un dictionnaire allemand-français.

1. *être à même de faire qc* imstande sein etw. zu tun 3. *être en réclame* im Sonderangebot sein

4 Les pronoms démonstratifs *ce, cela/ça* et le pronom *il*

Complétez en mettant les pronoms qui conviennent.

Deux amis dans un café

– Tu te souviens de Paul? Eh bien, ... paraît que ... vient de lui arriver un accident!
– Ah bon? Qui t'a dit ...?
– Un de ses collègues de travail. Il m'a même dit que ... était grave. ... faut dire que de la façon dont il conduit, ... devait arriver un jour. Et même après cet accident, ... m'étonnerait beaucoup qu'il change sa façon de conduire.
– Oui, ... est bien possible. J'espère quand même que ... le fera réfléchir un peu.
– ..., j'en doute!
– Enfin, à part ..., les affaires, ... marche?
– Pas très bien. ... est de plus en plus difficile de résister à la concurrence japonaise.
– Oui d'accord; mais enfin, tu vends pas mal de produits français compétitifs.
– Oui bien sûr, mais ... n'est pas assez pour s'en sortir. Si ... continue comme ..., je me demande comment je tiendrai le coup.
– ... est ce que tu m'as déjà dit il y a un an! Et depuis, ... me semble que tu ne t'en sors pas si mal que ... .
– ... est vite dit! Mais si ... ne te fait rien, on pourrait parler de ... plus longuement à la maison. ... nous ferait vraiment très plaisir de vous recevoir. En effet, depuis qu'on en parle, ... serait grand temps qu'on se réunisse. ... serait même dommage qu'on n'arrive pas à fixer une date avant que vous partiez en vacances.

▶ 5 Pronoms et déterminants indéfinis
alle, jede(r), einige, alles, etwas, nichts ...

Traduisez.

Jeden Mittwoch kam ein älterer Herr Fräulein Bégain, die Mieterin im dritten Stock, besuchen. Das wußte jeder, oder genauer, alle Mieter des Hauses. Sie hätten alle fragen können, jeder beliebige wäre in der Lage gewesen, Ihnen Auskunft zu geben. Einige von ihnen warteten ungeduldig auf den Mittwochsbesuch, besonders die Concierge. Jeder dieser Besuche erregte auf jeden Fall das Interesse aller. Am folgenden Tag taten sie so, als ob sie über fast alles, was am Tag vorher passiert war, auf dem laufenden wären und hatten immer etwas zu erzählen, natürlich nichts Außergewöhnliches ... Haben Sie gesehen? Jedesmal bringt er Blumen mit, und nicht irgendwelche Blumen, neulich waren es Orchideen, jede zu wenigstens 30 Francs; nicht jeder würde das tun und auch nicht jeder Liebhaber ... Trotzdem begrüßte ihn jeder, der ihm im Haus begegnete, so, als ob nichts wäre.

ein älterer Herr *un monsieur d'un certain âge* das Interesse erregen *susciter l'intérêt (m.)*

▶ 6 Pronoms et déterminants indéfinis
jemand, niemand, keiner ...

Traduisez.

- Im Büro hat mir jemand gesagt, daß es gestern abend im »Palladium« eine Schlägerei zwischen zwei Jugendlichen gegeben hat. Hast du schon davon gehört?
- Nein, bisher hat mir niemand davon erzählt!
- Als die Polizei einige Minuten später an Ort und Stelle eintraf, waren die beiden schon weg.
- Ist einer von ihnen früher schon mal im »Palladium« aufgetaucht?
- Nein, keiner von den beiden gehörte zu den Stammgästen der Disco.
- Und was hat die Polizei unternommen?
- Sie hat versucht, mehr über die Ursachen der Schlägerei zu erfahren, aber unter den wenigen noch anwesenden Gästen war kein einziger, der bereit gewesen wäre, eine Aussage zu machen.
- Hat man alle befragt?
- Ja, aber niemand konnte sich an etwas Bestimmtes erinnern. Einige gaben vage Auskünfte; mehrere behaupteten, gar nichts gesehen zu haben.
- Unter diesen Umständen hat die Polizei die Ermittlungen sicher nicht fortgeführt.

– Nein, denn das hätte auch keinen Sinn gehabt. Jeder, der diese Leute kennt, weiß, daß es niemand gelingen wird, sie zum Sprechen zu bringen. Und solange es keinen einzigen Verletzten gab ...

an Ort und Stelle eintreffen *arriver sur les lieux*
der Stammgast *l'habitué (m.)*
der Gast *ici: le client*
eine Aussage machen *faire une déposition*
die Ermittlungen fortführen *poursuivre/continuer l'enquête*

7 Répétition des déterminants

Décidez s'il faut répéter le déterminant et, s'il y a lieu, le nom correspondant, lorsqu'on traduit en français les expressions coordonnées en allemand par *und*.

Herr Vogt ist in den Ruhestand getreten. Nach Brauch und Tradition unseres Betriebes haben sich alle mit ihm befreundeten Kollegen versammelt, um ihn zu verabschieden. Der Direktor dankte Herrn Vogt in seinem und unser aller Namen für seine guten und treuen Dienste im Betrieb. Herr Vogt hob seinerseits hervor, daß er für die alte und neue Leitung des Werkes gern gearbeitet habe, daß er aber in einer langen und freundschaftlichen Unterhaltung dem jetzigen Direktor bereits dargelegt habe, daß er aus gesundheitlichen Gründen aufhören müsse, zu arbeiten. Er fügte hinzu, er habe die Absicht, sich an einen ruhigen und friedlichen Ort in Süddeutschland zurückzuziehen, wo er ein schönes und großes Haus geerbt habe. Er betonte, er wolle nicht seinen jungen Kollegen weise Ratschläge im Hinblick auf die Vor- und Nachteile ihrer beruflichen Tätigkeit geben, und es sei auch nicht seine Absicht, auf gute und schlechte Vorbilder zu verweisen, sondern er wolle lediglich diese Gelegenheit nutzen, um allen Anwesenden und Abwesenden seinen Dank auszusprechen.

in den Ruhestand treten *prendre sa retraite*
der Brauch *la coutume*
befreundete Kollegen *traduire par:* Kollegen und Freunde
jn verabschieden *ici: fêter le départ de qn*
treu *ici: loyal, ale*
die Leitung *la direction*
weise *sage*
auf Vorbilder verweisen *citer des exemples*
seinen Dank aussprechen *exprimer sa reconnaissance/sa gratitude à qn*

▶ 8 Révision

1. Für viele Leute ist nichts schwieriger, als Geschenke kaufen zu müssen. In unserer Konsumgesellschaft, wo fast jeder von uns alles hat, was er braucht, ist es oft nicht leicht, etwas zu schenken, was wirklich Freude bereitet.
2. – Ich suche eine französische Wochenzeitschrift. Können Sie mir eine empfehlen?
   – Wir haben mehrere. Was für eine Zeitschrift wünschen Sie?
   – Ich möchte nicht irgendeine. Ich suche eine, die wirtschaftlich orientiert ist.
   – Welche der beiden möchten Sie? Diese hier oder die neben *Paris Match*?
   – *L'Expansion.*
   – Sie haben Glück! Es ist nämlich nur noch ein einziges Exemplar da.
3. – Sind das Ihre Bücher?
   – Nein, meine sind in meiner Reisetasche.
   – Sie müssen aber doch jemand aus der Gruppe gehören.
   – Haben Sie denn schon alle gefragt?
   – Nein, aber die meisten sind schon abgereist, und ihre Adresse kenne ich nicht.
4. – Laurent will das Wochenende in den Vogesen verbringen.
   – Fährt er allein dorthin?
   – Nein, er hat seine Schwester und deren Freund eingeladen.
   – Ist das seine oder ihre Idee?
   – Solche Ideen hat nur er!

1. die Konsumgesellschaft *la société de consommation*

2. wirtschaftlich orientiert *ici: à caractère économique*

Chapitre 3
Les pronoms personnels et les pronoms adverbiaux

Présentation générale

Les pronoms personnels et les pronoms adverbiaux peuvent, en principe, avoir dans la phrase la même **fonction syntaxique** qu'un groupe nominal ou un groupe prépositionnel (sujet, complément d'objet, attribut, complément circonstanciel).

Voilà **le dernier roman de Marguerite Duras.** ↓	
Je **l'** ai déjà lu. ↓	COD
Il est très intéressant. ↓	Sujet
Tout le monde **en** parle.	COI

Au niveau du texte les pronoms personnels et les pronoms adverbiaux renvoient à une suite d'éléments (groupe nominal, phrase ou suite de phrases) déjà mentionnés et supposés connus. Ainsi dans l'exemple donné les pronoms **l'**, **il**, **en** renvoient au groupe nominal **le dernier roman de Marguerite Duras**.

Parmi les pronoms personnels il convient de distinguer

o selon leur **fonction communicative** les pronoms de la lère et de la 2e personne des pronoms de la 3e personne:

Je vais au cinéma.

Vous venez avec moi?

(La lère et la 2e personne se réfèrent aux interlocuteurs)

Voilà le livre que vous cherchez.

Il est intéressant.

(La 3e personne se réfère à une personne ou à une chose dont on parle)

o selon leur **degré d'autonomie** par rapport au verbe les *pronoms conjoints* (verbundene Personalpronomen) des *pronoms disjoints* (unverbundene Pronomen):

– **Tu** viens?
– Non, **je** ne peux pas.
– **Tu** n'aurais pas pu **me le** dire avant?

– C'est **toi** qui as fait cela?
– Oui. Mais **moi**, je ne savais pas que tu t'énerverais comme ça.

Les exercices suivants portent sur

o la forme et la place des pronoms ▶ 1–2

- l'opposition entre pronoms personnels et pronoms adverbiaux ▶ 3–5
- l'opposition entre *en* et le déterminant possessif ▶ 6
- l'opposition entre le pronom réfléchi *soi(-même)* et le pronom personnel *lui(-même)* ▶ 7
- l'allemand *es* et ses équivalents français ▶ 8–10

H GE chap. 12; GhF chap. 6, 101–120

▶ 1 Pronoms personnels conjoints et pronoms personnels disjoints; pronoms adverbiaux *en, y*

Complétez en rajoutant un trait d'union chaque fois que c'est nécessaire.

1. – Pourquoi tu n'as pas rendu le livre d'histoire à Pierre?
   – Mais, je ... ... ai rendu.
   – ... même?
   – Non, je ... ai donné à Jean. C'est ... qui a insisté pour ... ... remettre.
   – Apparemment, il ne ... a pas fait. La prochaine fois, rends ... ..., ... même. Ça ... évitera des histoires!
2. – Patrick n'arrête pas de me demander d'aller à la piscine avec lui!
   – Pourquoi tu ne ... ... accompagnes pas?
   – Je ne ... ai pas du tout envie. La piscine, je n'aime pas ça! Et ... ?
   – ... non plus! Mais laisse ... ... aller tout seul. Alain, ..., il ... va tout seul depuis longtemps et il a un an de moins que Patrick.
   – Oui mais depuis qu'on habite ici, on ne ... est jamais allé.
   – Eh bien, accompagne ... là-bas une fois. Après il pourra ... aller tout seul et tu seras tranquille.

▶ 2 Verbes accompagnés de deux compléments pronominaux

Traduisez en employant selon le cas les pronoms personnels disjoints ou les pronoms personnels conjoints.

1. – Wir haben gerade eine Gruppe von sehr netten Französinnen kennengelernt. Wir wollen gleich mit ihnen in die Disco gehen.
   – Stellt sie uns doch mal vor! Wir möchten uns euch gern anschließen.
   – Aber so wie ihr heute angezogen seid, könnt ihr euch ihnen doch nicht zeigen!
2. – Kann ich mir von euch diese Bücher ausleihen?

– Nimm sie doch! Wir brauchen sie nicht sofort. Aber gib sie uns bis Ende nächster Woche zurück.
– Ich kann sie aber nicht in so kurzer Zeit lesen!
– Gut. Dann gibst du sie uns aber einige Tage vor den Ferien zurück.
– Einverstanden. Bis dahin kann ich sie euch zurückgeben.

3. – Vielleicht kann mein Onkel etwas für Sie tun.
– Ja, es wäre gut, wenn Sie uns ihm empfehlen könnten. Oder meinen Sie, wir könnten uns direkt an ihn wenden?
– Ich schlage Ihnen folgendes vor: Sprechen Sie Montag mit ihm über Ihre Angelegenheit, bis dahin werde ich ihn schon darüber informiert haben.

4. – Wir kennen uns in Steuersachen nicht aus und werden uns in dieser Angelegenheit ganz Ihnen anvertrauen.
– Wenn Sie noch Fragen haben, können Sie sich natürlich jederzeit an mich wenden.
– Einige Punkte sind uns noch unklar. Könnten Sie sie uns noch einmal erläutern?

1. sich jm anschließen *se joindre à qn* sich jm anvertrauen *se fier à qn*
4. sich in Steuersachen auskennen *s'y connaître en matière fiscale*

3 *Le, la, les* vs. *en*

Traduisez en employant les pronoms qui conviennent.

1. – Habt ihr daran gedacht, Wein zu kaufen?
– Ja, wir haben welchen im Supermarkt geholt. Wir haben drei Flaschen gekauft.
– Könnt ihr sie gleich in den Keller bringen?

2. – Haben wir noch genügend Servietten für heute abend?
– Es sind noch ungefähr zehn da.
– Das reicht, aber die brauchen wir auch.

3. – Hat Peter das Kochbuch mitgebracht?
– Ja, er hat es mitgebracht; er hat sogar mehrere mitgebracht.
– Von wem hat er sie ausgeliehen?
– Er hat seine Eltern darum gebeten.

4. – Weißt du was Jean-Pierre jetzt macht?
– Der ist Beamter. Und das ist er geworden, weil ihm sein ursprünglicher Beruf nicht mehr gefiel.
– Das wundert mich aber. Früher kritisierte er immer die Beamten. Ich kann einfach nicht glauben, daß er jetzt selber einer geworden ist.

5. – Habe ich Ihnen das Geld für die Eintrittskarten gegeben?

– Nein, Sie schulden es mir noch.
– Ich werde es Ihnen morgen geben. Ich habe wahrscheinlich im Augenblick nicht genug Geld bei mir.

6. – Wußten Sie, daß die Beckmanns schon zwei Häuser haben, und daß sie noch ein drittes kaufen wollen?
– Nein. Das wußte ich nicht! Man sollte meinen, daß sie allen Grund hätten, zufrieden zu sein, aber manche haben nie genug!

7. – Wo sind die Kirschen?
– Es sind keine mehr da. Ich habe sie gegessen. Ich kann aber auf dem Markt ein Pfund kaufen, wenn du unbedingt heute welche essen willst.

8. – Habt ihr in den Ferien viele Fotos gemacht?
– Ja, wir haben eine ganze Menge gemacht. Aber nur einige sind gut geworden. Willst du sie sehen?

4. Beamter werden *devenir fonctionnaire*
6. man sollte meinen, daß *on pourrait penser/croire que*
allen Grund haben *traduire par un pluriel*
8. gut werden *ici: réussir*

▶ 4 Pronoms personnels *de lui, lui, à lui, etc.* vs. pronoms adverbiaux *en, y*

Substituez aux parties de phrase en italique les pronoms qui conviennent.

– Hier j'ai trouvé un bon livre sur l'énergie nucléaire. Je l'ai acheté car j'avais besoin *de ce livre* pour mieux comprendre le fonctionnement des centrales nucléaires.
– Je croyais t'avoir dit que mon frère avait d'excellents livres sur l'énergie nucléaire.
– Non, mais je pense que j'aurai bientôt besoin *de ton frère* pour mon exposé sur les nouvelles technologies. Tu crois qu'il s'y connaît suffisamment?
– Sûr. Tu peux te fier *à mon frère*. Ces derniers temps il n'arrête pas de me parler de capteurs solaires, de géothermie et de toutes les nouvelles techniques relatives aux économies d'énergie. Il s'intéresse d'ailleurs *à ces nouvelles techniques* depuis des années. En ce qui concerne la géothermie, il a lu toutes les publications du célèbre vulcanologue Haroun Tazieff. Il s'intéresse énormément *à Haroun Tazieff* et il garde tous les articles qui parlent *de Haroun Tazieff*. Il a emprunté aussi beaucoup de magazines dans des bibliothèques. Mais ce qu'il reproche la plupart du temps *à ces magazines*, c'est de ne pas traiter les problèmes à fond. En plus il demande *à ces magazines* une objectivité parfaite. Ce manque d'objectivité le met chaque fois hors de lui.
– Il a bien raison. L'autre jour par exemple, j'ai écouté à la radio la conférence de presse du ministre de l'Environnement. A un moment donné, un journaliste a posé *au ministre* une question embarrassante. Il n'a pas répondu *à cette question*. Le même journaliste a reposé la question sous une autre forme, mais le ministre n'a toujours pas répondu *au*

journaliste. Il a fait comme s'il ne l'avait pas entendu. Pourtant le journaliste faisait allusion à un événement grave. Je ne comprends pas qu'au niveau gouvernemental, on attache *à cet événement* aussi peu d'importance. Ton frère, qu'est-ce qu'il pense de cela?

– Il va te répondre: manque d'objectivité. Mais tu sais il a un esprit plutôt missionnaire. Ce que je reproche *à mon frère*, c'est d'essayer par exemple à tout prix de convaincre les autres de faire des économies d'énergie. L'autre jour il m'a raconté qu'il avait une nouvelle collègue qui ne voulait pas entendre parler *d'économies d'énergie* et se moquait éperdument *des économies d'énergie*. Depuis, mon frère n'arrête pas de se plaindre *de cette collègue*. Remarque, en voulant convaincre les gens en permanence comme il le fait, il lui arrive d'avoir des problèmes. Beaucoup se moquent *de mon frère*. Mais une chose est certaine, si tu veux faire un bon exposé, pense *à mon frère*. Adresse-toi *à mon frère* et tu obtiendras tous les renseignements que tu désires.

se fier à qn sich auf jn verlassen

le capteur solaire der Sonnenkollektor

5 Pronoms adverbiaux *en, y* vs. pronoms personnels vs. absence de pronoms

Répondez aux questions en remplaçant le groupe d'éléments en italique par *en* ou *y* quand c'est possible.

1. Tu t'attendais *à rencontrer Pierre au Jardin du Luxembourg?*
   Oui, … .
2. Il a toujours envie *d'aller passer quelques jours avec toi dans le Midi?*
   Oui, … .
3. Il t'a demandé *de l'accompagner?*
   Oui, … .
4. Et tu as accepté *de partir avec lui?*
   Oui, … .
5. Ton docteur ne t'a pas ordonné *de te ménager pendant quelques semaines encore?*
   Non, … .
6. Tu n'es pas obligé *de prévenir ton employeur?*
   Non, … .
7. Vous irez *au Cap d'Agde?*
   Oui, … .
8. Tu as maintenant appris *à faire de la planche à voile?*
   Non, … .
9. Pierre n'a certainement pas changé. Il ne parle que *de son travail*, n'est-ce pas?
   Oui, … .
10. Il parle encore quelquefois *de changer de maison?*
    Non, … .

▶ 6 *En* vs. déterminant possessif

Remplacez le groupe nominal en italique soit par le pronom adverbial *en* ou un déterminant possessif (*son,* etc.).

1. Vous n'avez jamais vu le pont d'Avignon? Attendez, je crois que j'ai une photo *du pont d'Avignon*. Je vais vous la montrer.
2. Notre ami habite à Paris, mais nous ne connaissons pas l'adresse *de notre ami*.
3. Le restaurant est dans le Quartier Latin, mais nous ne connaissons pas l'adresse exacte *du restaurant*.
4. Le malade se porte mal; l'état physique *du malade* est déplorable.
5. L'intervention chirurgicale est délicate; on n'ose pas imaginer les conséquences possibles *de l'intervention chirurgicale* et pourtant il faut bien penser aux conséquences *de l'intervention chirurgicale*.
6. Il ne faut pas que vous manquiez d'aller voir l'église romane de la ville. Les fresques *de l'église romane* attirent beaucoup de visiteurs.
7. Vous avez déjà essayé la nouvelle Citroën? La tenue de route *de la nouvelle Citroën* a convaincu tous ceux qui l'ont déjà essayée. Les journaux vantent également le nouveau système de freinage *de la nouvelle Citroën*.
8. L'avocat a étudié à fond le dossier concernant cette affaire. Il connaît tous les détails *du dossier*.

4. *déplorable* beklagenswert, jämmerlich

▶ 7 Le pronom réfléchi *soi(-même)* vs. *lui(-même), eux(-mêmes), etc.*

Complétez.

1. Cet homme-là ne pense qu'à ... . A mon avis, il a un peu trop souvent tendance à appliquer le principe du «chacun pour ...». C'est un vrai égoïste et par définition l'égoïste ne pense qu'à ... .
2. Dans un cas de licenciement collectif, on a peu de chances de s'en sortir en ne comptant que sur ... . En effet, même si l'on a une grande confiance en ..., une action collective a, par ..., beaucoup plus de chances d'aboutir. Cela a été le cas dans de nombreuses petites et moyennes entreprises où les travailleurs ont formé entre ... des comités de soutien.
3. Décider ... de son avenir à seize ans, voilà ce que la nouvelle réforme de l'enseignement propose aux jeunes. Avec le système des options, les lycéens peuvent décider ... de leur avenir. Si le système est bon en ..., il pose cependant certains problèmes. De nombreux jeunes sont par exemple incapables de se décider ... délibérément pour telle ou telle

option. Ce sont le plus souvent des critères d'ordre pratique qui déterminent leur choix.
4. Surpris alors qu'ils s'apprêtaient à dévaliser une agence bancaire, les voleurs ont dû laisser derrière ... tout leur matériel.
5. Des voyous l'ont attaqué dans la rue et lui ont pris l'argent qu'il avait sur ...; quand on sort, il ne faut jamais avoir trop d'argent sur ... .
6. En sortant du cinéma ma femme nous a dit: «On va chez ...? J'ai préparé quelque chose. Ou on va prendre un pot?»
7. En se présentant devant le jury, la candidate avait tellement confiance en ... qu'elle était sûre d'obtenir une bonne note.

2. *le licenciement collectif* die Massenentlassung   5. *le voyou* der Rowdy

8 Le pronom personnel attribut

Complétez en remplaçant les expressions entre parenthèses par *le* + *être* ou *c'est moi*, etc.

1. L'employée de l'Agence Nationale pour l'Emploi lui a demandé s'il était titulaire d'un permis de conduire poids lourds. Il a répondu que (il était titulaire d'un permis de conduire poids lourds) et qu'il pouvait même justifier de plusieurs années de conduite sans accident.
2. Comme je demandais à M. Dessart s'il était collectionneur, il m'a répondu que (il était collectionneur) en effet, et qu'il me montrerait un jour sa collection.
3. Comme je lui demandais s'il était le célèbre collectionneur Dessart, il m'a répondu que (il était ce célèbre collectionneur).
4. La vendeuse nous a demandé qui était le propriétaire de cette voiture garée en double file, j'ai répondu que (j'étais le propriétaire) et que j'allais la déplacer.
5. Quand je lui ai demandé qui était la personne avec qui j'avais parlé au téléphone, il m'a répondu que (il était la personne en question). Je lui ai dit que j'avais cru avoir parlé avec le sous-directeur. Là-dessus il a ajouté qu'effectivement (il était le sous-directeur).

9 L'allemand *es* et ses fonctions textuelles

Traduisez et **décidez** si l'allemand *es* se traduit ou non.

1. Wir bedauern es, daß wir Ihr Zeugnis nicht anerkennen können. Solche Zeugnisse werden von uns in der Regel nicht anerkannt; Sie hätten es sich eigentlich denken können.
2. Ich habe es Ihnen schon mehrfach gesagt: der Chef hat es nicht gern, wenn man ihm

widerspricht. Diejenigen Mitarbeiter, die es gewagt haben, sich ihm zu widersetzen, haben es später bereut.

3. – Ob deine Freunde heute abend wohl noch vorbeikommen?
   – Ich glaube es nicht, und du?
   – Ich denke doch.
   – Dann halte ich es für besser, wenn wir ihnen Bescheid sagen, daß wir jetzt ins Kino gehen.
4. Er hat es abgelehnt, uns in dieser Angelegenheit zu unterstützen, denn er hält es für sinnlos, gegen offizielle Maßnahmen zu protestieren.
5. Wenn ich ihn verletzt habe, dann geschah das, ohne es zu wollen. Er ist viel empfindlicher, als man es vermutet. Wir sind aber gute Freunde, und ich hoffe, daß wir es bleiben.
6. – Haben Sie es versucht, Herrn Müller von der Notwendigkeit zu überzeugen, daß er sein Verhalten seinen Arbeitskollegen gegenüber ändert?
   – Ja, ich habe es ihm mehrfach klargemacht, daß er seinen Standpunkt ändern muß.
   – Wenn er das nicht einsieht, verdient er es nicht, daß wir uns weiter für ihn einsetzen.

1. ein Zeugnis anerkennen *reconnaître un certificat/un diplôme/une attestation*
2. jm widersprechen *contredire qn*
   sich jm widersetzen *résister à qn/s'opposer à qn*
5. empfindlich *susceptible*
6. seinen Standpunkt ändern *réviser sa position*
   sich für jn einsetzen *soutenir qn/s'engager pour qn/intervenir en faveur de qn*

▶ 10 L'allemand *es* sujet apparent et ses équivalents français *ce, cela/ça, il*

Traduisez.

1. Es ist sicher nützlich, im Ausland zu studieren, aber es ist ein Irrtum zu glauben, daß man so die Sprache des jeweiligen Landes mühelos lernen kann. Es genügt in der Regel nicht, den Leuten einfach zuzuhören; meistens ist es unerläßlich, Sprachkurse zu besuchen. Wenn Sie im Ausland studieren wollen, ist es höchste Zeit, daß Sie sich die nötigen Unterlagen schicken lassen. Außerdem nehme ich an, daß es Ihnen nicht gleichgültig ist, ob Sie sich ein Auslandssemester anrechnen lassen können.
2. Es wäre Zeit, Maßnahmen zu ergreifen, um den Aufbruch in die Ferien auf einen längeren Zeitraum zu verteilen. Es reicht nämlich nicht aus, die Urlauber zu ermahnen, nicht alle am 1. August loszufahren; darüber hinaus ist es notwendig, wirksamere Regelungen zu treffen. Einerseits verärgert es den Autofahrer, wegen der zahlreichen Staus nicht rechtzeitig an sein Ferienziel zu gelangen; andererseits ist es sicher, daß die Massenaufbrüche das Unfallrisiko erheblich steigern. Jedoch ist es wahrscheinlich utopisch zu glauben, daß es eines Tages möglich sein wird, sich ohne Schwierigkeiten zu seinem Ferienort zu bewegen. Es wäre aber schon viel, wenn es gelänge, den Strom der

Autofahrer besser zu kanalisieren. Aber es ist wenig wahrscheinlich, daß das von heute auf morgen geschieht.

1. die Unterlagen *la documentation*
   sich ein Auslandssemester anrechnen lassen *se faire reconnaître un semestre passé à l'étranger*
2. den Aufbruch in die Ferien auf einen längeren Zeitraum verteilen *arriver à un meilleur étalement des vacances*
   jn ermahnen etw. zu tun *ici: inciter qn à faire qc*
   Regelungen treffen *traduire par: prendre des mesures*
   an sein Ferienziel gelangen *arriver à son lieu de destination*
   die Massenaufbrüche *les départs (m.) en masse*
   den Strom der Autofahrer kanalisieren *canaliser le flot des automobilistes*

11 Révision

Traduisez.

1. – Sind Sie die Mutter dieses Kindes?
   – Ja, das bin ich.
2. – Bist du schon im neuen Einkaufszentrum gewesen?
   – Nein. Aber ich werde noch vor Ende des Monats dorthin fahren.
3. – Ich brauche Briefmarken. Kannst du mir welche geben?
   – Es tut mir leid. Ich habe auch nur eine.
4. – Haben Sie inzwischen gelernt, Bridge zu spielen?
   – Ja. Ich habe es endlich gelernt.
5. – Haben Sie noch Eintrittskarten für heute abend?
   – Ja. Wieviele brauchen Sie?
   – Geben Sie mir bitte drei zu 15 DM.
6. – Ist Peter Arzt geworden?
   – Ja. Er ist sogar ein sehr bekannter Arzt.
   – Das kann ich mir sehr gut vorstellen.
7. – Weißt du, wo Eliane ist?
   – Sie ist wahrscheinlich bei sich zu Hause.
   – Weiß sie, daß wir morgen nicht da sind? Vergiß nicht, ihr das mitzuteilen.
8. – Hast du das auch anderen Leuten erzählt?
   – Nein. Dir allein!
9. Weder Sie noch ich werden mit diesem Projekt beauftragt werden.
10. Es werden schon über eine Million Besucher gezählt und jeden Tag kommen immer noch Tausende, die die Ausstellung sehen wollen.
11. Wir werden uns an Sie wenden, sobald wir Nachricht von ihm bekommen.
12. Herr Müller ist von heute auf morgen versetzt worden. Die meisten seiner Arbeitskollegen haben sich uns angeschlossen, um gegen diese Maßnahme zu protestieren.

13. Er kennt diese Stadt sehr gut. Er fährt jedes Jahr dorthin und kennt alle ihre Sehenswürdigkeiten.
14. Wenn du die Photos bei dir hast, dann zeige sie ihnen!

9. jn mit etw. beauftragen *charger qn de qc* 12. jn versetzen *muter qn*

Chapitre 4
L'adjectif

Présentation générale

Les exercices sur l'adjectif portent sur **la place** de celui-ci à l'intérieur du groupe nominal et étudient en même temps **l'accord** de l'adjectif.

Ils insistent

- o sur les différences ou nuances sémantiques existant entre le même adjectif placé avant ou après le nom ▶ 1; par ex.:

sale:	avoir les mains **sales**	une **sale** histoire
	schmutzige Hände	*üble* Geschichte
ancien:	une **ancienne** école	un château **ancien**
	ehemalige Schule	*altes* Schloß
fort:	une **forte** somme	un régime **fort**
	große Summe	*starkes* Regime;

- o sur la place de l'adjectif dans le cas où il y a plusieurs adjectifs se rapportant au même nom ▶ 2–4; par ex.:

femme (**grande, belle**):	une **grande** et **belle** femme
	une femme **grande** et **belle**
enfant (**sage, intelligent**):	un enfant **sage** et **intelligent**
garçon (**petit, maigre**):	un **petit** garçon **maigre**;
	un garçon **petit** et **maigre**

- o sur la construction des compléments de l'adjectif ▶ 5; par ex.:

Janine est **prête à te suivre**.	Je suis **content de vous voir**.
Elle est **prête à tout**.	Je suis **content de votre visite**.

- o sur l'emploi adverbial de certains adjectifs (par ex. distinguer **clairement** les deux emplois d'un mot vs. Essayons d'y voir **clair**.) ▶ 6

H GE chap. 17, 371–390; GhF chap. 4, chap. 9, 229–231

▶ 1 La place de l'adjectif: différences sémantiques ou suites figées

Placez les adjectifs entre parenthèses **avant** ou **après** le nom et faites les opérations nécessaires pour obtenir un texte correct.

1. Quel temps (sale)! Il n'y a pas moyen de mettre le nez dehors. Quant à la télé, n'en parlons pas. Cette semaine il n'y a que des films (tristes) ou des navets (vrais).
2. Ce que je viens de te raconter, est une histoire (vraie); ce n'est pas une blague. Quand je l'ai vu l'autre jour, il portait des vêtements (sales) et il ne s'était sûrement pas rasé de huit jours. Il était dans un état (triste).
3. Une signature (simple) suffit pour obtenir ce crédit.
4. Madame Durand est une femme (simple) qui a horreur des mondanités.
5. Les jupes (longues) faites de tissus (légers) aux couleurs (vives) sont à la mode ce printemps. Les hommes porteront des pantalons (larges).
6. La nouvelle (seule) qui, à mon avis, mérite d'être retenue est l'annonce à la radio du décès de cet homme politique. Il est mort à la suite d'une maladie (longue). De son vivant, il s'était engagé en faveur des personnes âgées et en particulier en faveur des personnes (seules). C'est avec une émotion (vive) que la veuve du disparu a remercié tous ceux qui l'avaient soutenue dans cette terrible épreuve.
7. Une majorité (large) s'est prononcée en faveur d'une augmentation (légère) des salaires (bas).
8. Les pressions (basses) sur la France vont faiblir, laissant pénétrer lentement les perturbations atlantiques sur notre pays.
9. J'aime beaucoup les maisons (basses) comme on en trouve en Bretagne ou en Vendée.
10. A marée (haute), il est interdit de se baigner dans ce secteur de la plage. C'est trop dangereux.
11. La Provence (haute) est une terre désolée mais magnifique. L'habitat (ancien) a été très bien conservé dans de nombreuses communes. Même dans les zones de montagne (haute) comme à Saint-Véran par exemple.
12. Beaucoup de ministres (anciens) figurent dans le gouvernement (nouveau). Mais ce qui est une surprise (vraie), c'est la présence d'hommes (nouveaux) dont on avait très peu parlé ces derniers temps.
13. Tu crois avoir eu une idée (riche) en proposant cela? En tout cas, moi, j'ai l'impression que ton patron est d'un avis (différent).
14. Les pays (riches) ont supporté plus ou moins bien les chocs pétroliers (différents) alors que les pays (pauvres) ont déboursé des quantités (fortes) de devises dont ils ne disposaient pas et qu'ils ont dû emprunter. Le remboursement de cette dette est pour leur économie un handicap (certain).
15. Dimanche après-midi, un monsieur d'un âge (certain) m'a adressé la parole dans la rue. L'homme (pauvre) était désespéré. Il cherchait depuis plus d'une demi-heure quelqu'un qui veuille bien lui faire de la monnaie pour pouvoir téléphoner.

16. Aux Philippines, c'est un coup d'Etat qui a mis fin au régime (fort) du président Marcos.

1. *le navet* hier: der Schmarren

2 La place de l'adjectif: plusieurs adjectifs auprès du nom

Mettez les adjectifs entre parenthèses **avant, après** ou **de part et d'autre** du nom, en les coordonnant, s'il y a lieu.

1. Les couturiers (grands, parisiens) ont présenté cette semaine leurs collections d'été. Les jupes (courtes, étroites) sont à nouveau à la mode.
2. Ma nièce, qui n'a encore que quatorze ans, est déjà une femme (jolie, petite).
3. Notre directeur (nouveau, commercial) est un homme (petit, maigre).
4. Pendant les vacances, j'ai dû laisser mon chat (beau, tigré) à la garde de mon frère.
5. L'Europe connaît depuis quelque temps un climat (froid, humide).
6. Il pleuvait tellement que notre promenade s'est transformée en une retraite (monotone, triste, fatigante).
7. Les trois coureurs (premiers, cyclistes) sont arrivés avec une avance de plus d'une demi-heure sur le peloton.
8. Le gouvernement a accordé aux entreprises (petites, moyennes) qui embaucheront des jeunes, des avantages (fiscaux, intéressants).
9. Quel est le fleuve (le plus long, français)?
10. Le chef du personnel l'a remercié pour ses services (bons, loyaux) au sein de l'entreprise.

7. *le peloton* das Hauptfeld

3 La forme et la place de l'adjectif

Accordez les adjectifs entre parenthèses et faites les opérations nécessaires de façon à obtenir un texte correct.

Une maison en Touraine

L'an (dernier), mes amis ont acheté une maison (joli) en Touraine. Elle appartenait à un Américain (riche) qui ne l'avait pratiquement jamais habitée. Il l'avait achetée pour sa femme qui, une fois en France, a préféré les stations (chic, snob) de la Côte d'Azur à ce coin (tranquille) situé à un peu plus d'une heure (demi) d'Orléans.

La maison (actuel) a été construite dans les années (dernier) du siècle (dix-neuvième); la façade, de style (classique) est faite en pierres (gros, blanc) du pays, et l'architecture a su garder son cachet (régional). Il est vrai que dans cette région (historique) on trouve un peu partout de ces demeures (vieux), témoins des splendeurs (passé). A l'intérieur il n'y a que trois pièces (principal), mais ce sont des pièces (beau), aux proportions (majestueux). Il y a aussi une chambre d'amis (petit) qui servait de débarras au propriétaire (ancien). C'est maintenant une des pièces (le plus beau) de la maison. Des rideaux (bleu clair), des papiers peints (crème) et une moquette (gris bleu) créent une ambiance (reposant).

Mes amis ont meublé la maison avec les trouvailles (heureux) qu'ils ont faites chez les brocanteurs et les antiquaires (local): une table (grand, rond), des bancs de bois (clair), un buffet (vieux) et deux fauteuils (beau, bon marché) suffisent à donner à la salle à manger, avec sa cheminée (haut), un aspect (ancien). On s'y réunit pour des dîners (pantagruélique) où l'on apprécie tout particulièrement les plats (bon, traditionnel): rillettes (onctueux), jambon (cru), omelettes (doré) aux truffes, saumon (frais) ou friture (petit) de la Loire, volailles (savoureux), boudins (blanc) et gibier (petit, gros) des forêts (orléanais) toutes proches; le tout arrosé de vins (léger) ...

Vraiment, on peut passer là des journées (merveilleux). Ces temps (dernier), il m'est souvent arrivé d'y faire des séjours (court) et chaque fois j'ai pu rapidement chasser de mon esprit les soucis (nombreux) et les souvenirs (mauvais) de la vie (professionnel). On n'y est pas non plus dérangé par les voisins, les propriétés (contigu) étant très grandes. Aussi je n'hésite pas, chaque fois qu'on me le propose, à m'y rendre, ne serait-ce que pour un week-end (simple), malgré la rentrée (difficile) à Paris le dimanche soir.

pantagruélique üppig, reichhaltig

contigu, uë angrenzend

▶ 4 La forme et la place de l'adjectif

Accordez les adjectifs entre parenthèses et faites les opérations nécessaires de façon à obtenir un texte correct.

La Corse

Passer des neiges du Cinto aux palmiers (beau) d'Ajaccio, du cirque (sauvage) de la Spelunca au golfe (lumineux) de Porto, des futaies (frais) de Vizzavona au désert (brûlant) des Agriates. Oui, en quelques instants. C'est cela la Corse. Plus qu'une île, un continent (véritable) où, dans un espace compté, les dieux auraient voulu tout mettre: torrents (impétueux), rivières aux eaux (clair) et lacs de montagne (haut), pâturages (alpin) et châtaigneraies (profond), maquis (parfumé) et pins (laricio, immense), calanques aux roches (sanglant) et falaises de calcaire (blanc). Le regard accroche à peine les pentes (glacé) que déjà il plonge vers les champs d'orangers, les vignes et une mer (omniprésent).

La Corse: une montagne dans la mer. Le cliché (vieux) est d'autant plus vrai qu'il résume tout un mode de vie, toute une histoire qui est à l'image de ce relief (tourmenté, cloisonné). Le Corse est d'abord un homme de la terre. Même s'il l'a quitté, son pays porte encore les témoignages d'une présence (humain) et les marques d'un labeur qui remontent à l'Antiquité: cultures (ancien) en terrasse, oliveraies (perdu) dans le maquis, bergeries (abandonné). Les paysages (corse), les villages (petit, presque désert), ont malgré leur décor (somptueux, végétal) quelque chose (poignant) dans le silence (grand) de la solitude.

Les rôles se sont inversés. Jadis inhospitalière, la côte accueille aujourd'hui les deux tiers de la population (insulaire) dans ses villes d'Ajaccio et de Bastia. 80% des touristes de l'été choisissent les stations (balnéaire) qui jalonnent les 1000 km du littoral. De la plongée (sous-marin) à la planche à voile, dans un décor (marin, sublime), il est vrai que toutes les conditions sont réunies pour passer des vacances (idéal). Mais découvrir la Corse, c'est aussi, c'est surtout, prendre une de ces routes (petit, fou) qui grimpent à travers le maquis vers un village (aérien), parcourir le G. R. 20 ou un sentier moins «officiel» au bord d'une eau (vif), rencontrer ces artisans et ces bergers qui travaillent pour que leur île soit telle qu'ils la désirent. Cette Corse qu'ils aiment avec passion.

(D'après le guide Hachette France 1985)

la futaie der Hochwald
le torrent der Sturzbach, Wildbach
le pâturage die Weide
la châtaigneraie der Kastanienhain
le pin laricio Art Schwarzkiefer
l'oliveraie (f.) der Olivenhain
poignant, ante bewegend, schmerzlich
jalonner hier: säumen
G.R. 20 = *chemin de grande randonnée n° 20*
Wanderweg Nr. 20

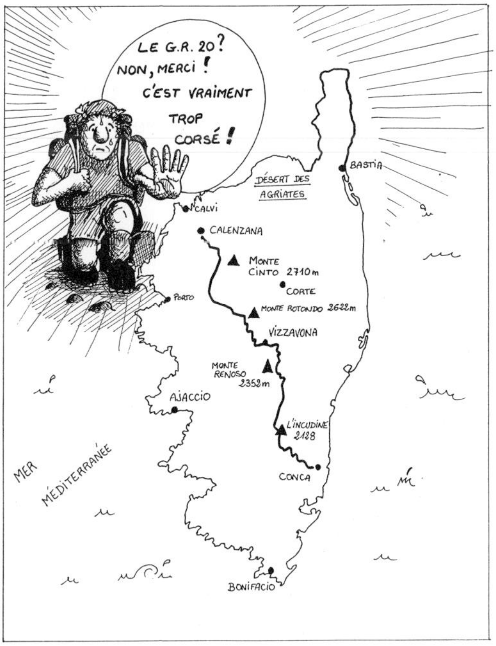

▸ 5 Le complément de l'adjectif

Complétez par la préposition qui convient.

Observations d'un enseignant au sujet de la classe qu'il laisse à un de ses collègues

Il est très difficile ... caractériser tous les élèves de la classe en quelques mots, mais je vais quand même essayer de t'en décrire quelques-uns.

- Yves par exemple est très sensible ... la critique. Comme il est toujours très sûr ... lui, il ne peut supporter d'avoir tort.
- Isabelle non plus d'ailleurs. Elle est prête ... tout quand on la contredit. Je ne sais pas ce qu'elle a raconté à ses parents, mais l'autre jour, ils m'ont envoyé une lettre pleine ... reproches.
- Suzanne est très différente ... Isabelle. Elle est toujours aimable ... les autres élèves de la classe. Les garçons ont bien sûr été, un jour ou l'autre, amoureux ... elle. Elle n'est d'ailleurs pas indifférente ... leurs avances.
- Jean-Marc a depuis quelque temps des notes inférieures ... la moyenne, ce qui est contraire ... ses habitudes. Je suis très étonné ... son comportement. Avant, il était très attentif ... tout ce qui se passait en classe. Maintenant, c'est le contraire. A mon avis, il est très important ... le suivre de près.
- Sylvie est toujours la première ... se porter volontaire pour faire un exposé. Mais je tiens à te dire que cette attitude est loin d'être caractéristique ... l'état d'esprit de la classe. Ils sont rarement disposés ... faire ce genre de travail.
- Magalie est très lente ... réagir. En plus, elle est très difficile ... convaincre quand elle a tort.
- Benjamin est connu dans toute l'école ... ses colères. Remarque qu'il est assez facile ... calmer.
- Corinne est toujours contente ... son travail. Soit dit en passant, c'est une attitude typique ... la famille. Ses frères et soeurs étaient pareils. Ils étaient toujours surpris ... notes que je leur donnais.
- Olivier est plus fort ... foot que ... allemand.
- Alain est capable ... tout. Fais particulièrement attention à lui! Il pose beaucoup de problèmes à ses parents. Il faut dire qu'ils sont très sévères ... lui. Ils ne semblent pas avoir compris que de nos jours les méthodes d'éducation ne sont pas comparables ... celles d'autrefois.
- Simone est souvent jalouse ... autres filles de la classe, qui s'efforcent pourtant d'être gentilles ... elle. Je suis toujours étonné ... leur patience.
- Sébastien est souvent fâché ... un de ses camarades de classe. Il peut même être très méchant ... celui-ci.

o Eric est toujours très fier ... ce qu'il dit ou fait et ne se prive pas d'en faire part aux autres.

Je m'aperçois que je suis plutôt avare ... compliments. Et pourtant, dans l'ensemble, je suis assez satisfait ... progrès que les élèves ont faits cette année. La plupart d'entre eux sont maintenant aptes ... travailler en groupe, ce qui a contribué à créer une meilleure ambiance dans la classe.

6 Adjectif employé comme adverbe vs. forme adverbiale

Complétez.

a) *bas, bassement*
1. Le thermomètre est tombé très ... au cours de la nuit dernière. 2. Parlons plus ... pour ne pas être entendus. 3. Il a planté là sa femme et ses trois enfants; on ne l'aurait pas cru capable d'agir si ... à l'égard de sa famille. 4. Les habitants de cette région trouvent que les avions militaires volent trop ... .

b) *bon, bonnement, bien*
1. L'accusé a tenu ... pendant tout l'interrogatoire. Il n'a pas avoué. 2. Nous ne tenons pas à fréquenter votre ami, il est tout ... insupportable. 3. Il s'est vu infliger une amende pour avoir roulé trop vite; c'est ... fait pour lui. 4. – Vous ne voulez pas vous installer dans le fauteuil? – Non, merci, je suis très ... ici. 5. Qu'est-ce que vous avez préparé pour ce soir? Ça sent ... dans la cuisine. 6. ... alors, qu'est-ce qu'on fait ce soir? On va au cinéma? 7. Eh ..., qu'est-ce que vous avez décidé? Vous venez ou vous ne venez pas?

c) *cher, chèrement*
1. Un de nos amis a acheté une vieille ferme en Gascogne qu'il n'a pas payée ... . 2. Nous nous sommes adressés à un agent immobilier pour trouver un appartement, mais il s'est fait payer ... ses services. 3. Les assiégés se sont battus jusqu'au bout. Ils ont vendu ... leur vie. 4. Les terrains à bâtir en milieu urbain coûtent de plus en plus ... . 5. Après une grève de plus de trois mois, on peut vraiment affirmer que ce qu'ont obtenu les grévistes sont des avantages ... acquis.

d) *clair, clairement*
1. Prends la lampe électrique, tu y verras plus ...! 2. Je vous conseille de lire attentivement le texte car il est difficile d'en distinguer ... les différentes parties. 3. Après avoir tâtonné pendant quelque temps, la police commence à voir ... dans cette affaire. 4. Ce que j'admire, c'est qu'au lieu de cacher son jeu, il a ... défini quel était son point de vue.

e) *dur, durement*
1. L'industrie textile ressent ... les effets de la crise économique. 2. Cette famille a été ...

éprouvée par un accident qui a coûté la vie au père et à un de ses fils. 3. Monsieur Carrière a dû travailler ... pour obtenir ce poste. 4. Je vous préviens, ne l'embêtez pas trop. Quand il se met en colère, il cogne .... .

f) *faux, faussement*

1. Je trouve que tout ce que vient de dire cet homme politique sonne .... . J'hésite à croire que ce qu'il a dit est vrai. 2. Lors de son procès, l'accusé a adopté un ton ... indifférent. 3. Le tribunal a reconnu que le travailleur immigré avait été ... accusé de vol. 4. J'ai refusé de chanter car je sais très bien que je chante .... .

g) *fort, fortement*

1. Ne criez pas si ...; je ne suis pas sourd. 2. La France est un pays ... centralisé. 3. Le chauffage marche trop ..., vous ne pouvez pas le baisser un peu? 4. Parlez plus ..., on ne vous entend pas au fond de la salle. 5. – Depuis quelques jours, il est ... question de la démission du ministre des Affaires étrangères. – Moi, j'en doute .... 6. Qu'est-ce qu'il sent ... ce fromage! Enveloppe-le dans du papier alu!

h) *haut, hautement*

1. Au cours des derniers championnats d'Europe en salle, les perchistes français ont réussi à sauter plus ... que tous leurs concurrents. 2. L'entreprise qui vient de s'installer dans la nouvelle zone industrielle n'emploie que du personnel ... qualifié. 3. Nous étions un peu gênés; il y avait, dans le parc, à côté de nous, des gens qui parlaient tout ... de leurs problèmes personnels. 4. Avant de démissionner, il a déclaré ... son mécontentement. 5. L'avion volait ... dans le ciel, au-dessus des nuages. 6. M. Bosquet est un personnage ... placé au ministère de l'Agriculture.

i) *juste, justement*

1. Il fallait s'attendre à ce qu'il ait des ennuis; il a été ... puni de son indiscrétion. 2. Je pensais bien qu'il avait quelque chose à me dire: j'avais deviné .... 3. Il n'est pas musicien du tout; quand il se met à chanter, il lui arrive rarement de chanter .... 4. En visant le menton de son adversaire, le boxeur a frappé .... 5. On parlait ... de vous quand vous êtes arrivé. 6. Le professeur d'allemand de Pierre avait vu .... Il a eu une note catastrophique au bac.

j) *lourd, lourdement*

1. Tout le monde a compris, ce n'est pas la peine d'insister .... 2. Une partie de la population est encore indécise; la prise de position de l'Eglise va certainement peser ... dans la balance. 3. Votre valise pèse .... Qu'est-ce que vous avez mis dedans? 4. Vous vous trompez ... si vous croyez que je vais vous prêter de l'argent.

k) *net, nettement*

1. Quand il s'est adressé à sa banque pour avoir un nouveau crédit, le directeur de l'agence a refusé .... Ce dernier lui a même dit ... ce qu'il pensait de son affaire. 2. L'automobiliste s'est arrêté .... Pour un peu, il écrasait un piéton. 3. Je lui ai dit tout ... que ce n'était pas la peine qu'il revienne. Il a paru surpris. 4. L'équipe de Nantes a ... gagné la finale de la coupe de France par 3 buts à zéro.

l) *tranquille, tranquillement*

1. Arrête de remuer comme ça. Tu ne peux donc pas te tenir ...? 2. Quand nous sommes rentrés, les enfants dormaient ... dans leur chambre. 3. Comme vous êtes sûr d'obtenir le poste, vous pouvez attendre ... la réponse définitive. 4. Tu peux dormir ..., le directeur vient de signer ton contrat.

a) 3. *planter là qn* jn sitzenlassen
4. *démissionner* kündigen
h) 1. *le perchiste* der Stabhochspringer
j) 2. *indécis, ise* unentschlossen

7 Révision

1. Als wir letztes Jahr nach Saint-Malo gefahren sind, haben wir drei Tage lang in einer sehr schönen, ruhigen und billigen Pension gewohnt. Leider war das Wetter sehr schlecht. Wir hatten die ganze Zeit sehr starken Westwind.
2. Meine Nichte hat einen Mann geheiratet, der zehn Jahre jünger ist als sie. Sie kennt ihn schon lange. Er kommt aus einer kleinen elsäßischen Stadt. Heute ist er ein hoher Beamter im französischen Finanzministerium.
3. Ich habe gestern meine Nachbarin im Theater gesehen. Sie trug ein elegantes, marineblaues Abendkleid. Sie war in Begleitung von ziemlich versnobten Leuten.
4. Ich habe gestern dunkelblaue Schuhe gesehen, die ich sehr schick fand. Leider waren sie teuer. Ich habe dann doch die braunen Schuhe gekauft, die du mir letzte Woche gezeigt hattest.
5. Paul interessiert sich nicht nur für französische und italienische Literatur, sondern auch für südamerikanische Schriftsteller. Er macht oft interessante und kluge Bemerkungen über das, was er gelesen hat.
6. Patrick hat in den letzten Monaten hart gearbeitet. Er möchte mit seinem Studium so schnell wie möglich fertig sein.
7. Marie hat mir ganz stolz eine seltsame Geschichte erzählt. Ihr ehemaliger Klavierlehrer soll eine angebliche Prinzessin geheiratet haben. Ich glaube, sie hat diese Geschichte einfach erfunden.
8. An der deutsch-französischen Grenze gab es letzte Woche eine große Demonstration gegen den Bau eines französischen Atomkraftwerks. Die etwa 10 000 Demonstranten, die aus verschiedenen Ländern angereist waren, legten mehr als eineinhalb Stunden lang den Verkehr lahm.

7. seltsam *traduire par: drôle*
8. der Demonstrant *le manifestant*
den Verkehr lahmlegen *paralyser la circulation/ le trafic*

Chapitre 5
Les prépositions

Présentation générale

Les prépositions sont des mots invariables dont la fonction est de mettre en relation deux termes. En se combinant avec des noms ou des groupes nominaux, les prépositions forment avec ceux-ci des groupes prépositionnels: Le train part *à midi.* Il arrive *de Paris.*

Selon leur **rôle syntaxique**, ces groupes prépositionnels ont les fonctions suivantes:

- **complément d'un groupe nominal:**
  Le fils de notre voisin vient de s'acheter *une planche à voile* d'occasion.
- **complément d'un groupe adjectival:**
  Les Jacquet ont loué une maison *pleine de charme.*
- **complément de verbe:**
  Il ne fait que *parler de son voyage en Afrique.*
  Mon fils *se passionne pour l'informatique.*
  Je *compte sur vous* dans cette affaire.
- **attribut du sujet ou du complément d'objet:**
  Les deux garçons se ressemblent beaucoup. Jacques, on *le* prend facilement *pour son frère.*
- **complément circonstanciel de phrase:**
  – Quand est-ce que vous partez en vacances?
  – On pense partir *vers le 15 août.*
  – Vous savez déjà où vous allez cette année?
  – Oui, on a loué quelque chose *en Auvergne, dans le Cantal.*

Les prépositions peuvent marquer différentes **relations sémantiques**: le temps, le lieu, la manière, le but, la cause, l'origine, etc. Il y a lieu de faire remarquer qu'il existe des prépositions dont le sens est relativement stable (cf. *chez*, *sans*, *parmi*, *selon*) alors que d'autres admettent plusieurs interprétations selon le contexte (cf. *arriver vers minuit*, *se diriger vers la sortie*, *se rencontrer vers la gare*, *aller vers un compromis*). Les prépositions les plus fréquentes, telles que *de* et *à*, sont pratiquement vides de sens et ne marquent plus que des relations abstraites interprétables selon le contexte (cf. *le train de Paris*, *la ville de Paris*, *pleurer de joie*, etc.).

Les exercices suivants portent avant tout sur l'emploi des **prépositions de temps** ▸ 1–10 et **de lieu** ▸ 11–25. D'un point de vue syntaxique, il s'agit le plus souvent de prépositions introduisant un complément de phrase. Dans cette fonction syntaxique l'emploi des prépositions relève moins d'un simple automatisme, mais reflète plutôt des oppositions sémantiques. Ce sont ces oppositions qu'on se propose de mettre en évidence grâce au groupement des prépositions dans les différents exercices. Pour les prépositions devant les noms géographiques voir chap. 1, ▶ 8.

H GhF chap. 10

Prépositions marquant le temps [▶ 1–10]

1 *A, en* **ou** *Ø* [moment, date, époque]

Complétez en ajoutant l'article selon les cas et en le combinant avec une des prépositions ci-dessus, s'il y a lieu.

1. Le livre en question va paraître ... automne / ... printemps / ... année prochaine.
2. Le livre a paru ... mars / ... mois d'avril / ... automne dernier / ... cet été / ... été / ... fin mai / ... début mai / ... mai dernier / ... 1985.
3. Je sais que l'astronaute américain Armstrong a été le premier homme à marcher sur la Lune, mais je ne me rappelle plus ... quelle année.
4. Etant donné la poussée démographique actuelle, on se demande quel sera le sort de l'homme ... an 2000.
5. Comme ... année dernière ... même époque, nous attendons la visite de mon frère. Cette fois-ci, il ne restera pas longtemps; il va arriver ... Pâques et repartira ... 20 avril.
6. Dans notre quartier certains magasins d'alimentation sont ouverts ... dimanche matin et restent fermés ... lundi.
7. J'ai un rendez-vous ... quatre heures et comme la circulation est difficile ... heures de pointe, je ne veux pas partir ... dernière minute. Mais retéléphonez-moi ... sept heures, ... ce moment-là on pourra parler en toute tranquillité.
8. Le train pour Caen vient de partir ... instant. Le prochain part ... minuit juste.
9. Un ami que nous avions un peu perdu de vue ... ces temps derniers est venu nous dire bonjour ... moment même où nous allions sortir.
10. ... ce moment, il fait un stage à côté de chez nous. Il pense qu'il aura terminé ... Toussaint.
11. Il est l'heure de partir si nous voulons encore arriver ... temps à notre rendez-vous.
12. ... époque où on se penchait moins sur les problèmes de l'environnement, les usines pouvaient impunément polluer l'atmosphère.
13. Même ... temps de paix, l'Etat dépense des sommes importantes pour l'armement.

14. ... saison des vendanges les viticulteurs de la région font appel à une main-d'œuvre supplémentaire qui est payée ... journée.
15. ... temps normal on trouve toujours des chambres dans cet hôtel, et même ... cette saison il affiche rarement complet. J'y suis encore descendu ... autre jour, ... mi-août, ... pleine saison.
16. – ... quel siècle a vécu Victor Hugo?
   – ... XIXe siècle.
17. – ... quel mois de l'année es-tu née?
   – ... août.

▶ 2 *Durant, pendant, pour* **ou** *Ø*

Complétez.

1. ... le défilé des troupes, les personnalités officielles sont restées debout.
2. Monsieur Gaillard, qui est resté invalide après cet accident, touchera une pension (...) sa vie (...).
3. ... tout le XVIIe siècle, la fameuse règle des trois unités a donné matière à des discussions littéraires.
4. – Nous avons attendu (...) des heures (...), mais vous n'êtes pas venu.
   – Je m'excuse de vous avoir fait attendre ... des heures et des heures, mais la réunion a duré ... plus longtemps que je ne pensais; elle a duré ... plus de six heures.
5. – Qu'est-ce que vous allez faire ... les vacances?
   – Nous allons rester en Bretagne ... tout le mois d'août.
6. Le professeur Savard a été invité par l'université de Berkeley; il s'en va aux Etats-Unis ... six mois.
7. ... combien de temps est-ce que vous avez habité à Paris?
8. – Vous partez à Paris ... combien de temps?
   – Nous n'y resterons pas ... longtemps, ... deux ou trois jours au maximum.
9. Vous voulez parler au directeur? Prenez place ... un moment, il s'est absenté ... quelques minutes.
10. Monsieur X. n'est pas au courant de ce qui s'est passé au bureau, il a été absent ... une semaine.
11. Attendez ... un petit moment, je n'en ai pas ... très longtemps.
12. ... longtemps nous ne l'avons pas cru; il s'est avéré qu'il avait raison.
13. Tout cela a duré ... un instant seulement.
14. ... l'instant, mon patron est en voyage d'affaires aux Etats-Unis.

12. *s'avérer* sich herausstellen

3 *Dans, en* [équivalents de l'allemand *in*]

Complétez en combinant la préposition voulue avec l'article, s'il y a lieu.

1. Nous ferons de notre mieux pour exécuter le travail … une semaine.
2. Je crois que nous aurons terminé le travail … une semaine.
3. Si vous partez de bonne heure, vous pouvez encore arriver … la matinée; le trajet se fait facilement … trois heures.
4. Je ne peux pas m'occuper de vous … ce moment, mais … un quart d'heure je serai à votre disposition.
5. Son père est actuellement … sa soixantième année et compte prendre sa retraite … deux ans.
6. – Vous pensez pouvoir réparer la voiture … combien de temps?
   – Il nous faudra deux jours.
7. – … combien de temps pensez-vous avoir terminé la réparation?
   – La semaine prochaine.
8. … moins d'un siècle la population du globe a doublé, … quelques décennies elle aura quadruplé.
9. Monsieur Durand vient de sortir. Il rentrera … deux heures.
10. Le fils de mon voisin s'est cassé le bras deux fois … huit mois. C'est beaucoup … si peu de temps.
11. Le départ de la course est … moins de deux heures.
12. Ils ont réussi l'ascension de ce sommet … moins de six heures.

8. *la décennie* das Jahrzehnt

4 *Avant, il y a, il y a eu, il y aura* [équivalents de l'allemand *vor*]

Complétez.

1. Monsieur Bourgeois nous a quittés … quelques minutes; il ne rentrera pas … dix heures.
2. Je ne pourrai pas vous rendre l'argent … la semaine prochaine.
3. Cette maison a été construite … 35 ans, peu … la guerre.
4. Mon frère est parti en vacances … trois semaines hier.
5. Monsieur Dupont est un vieil ami; j'ai fait sa connaissance … maintenant une dizaine d'années.
6. Ma sœur s'est mariée … quatre semaines demain.
7. Mes parents ne sont pas là. Ils sont partis en vacances … deux semaines.

▶ 5 *Il y a, il y a que* [équivalents de l'allemand *vor* et *seit*]

Complétez en mettant *que* ou Ø en ajoutant le cas échéant une virgule. Indiquez si le complément introduit par *il y a* peut être placé en fin de phrase.

1. Il y a plusieurs années ... je n'ai pas revu Monsieur Duval.
2. Il y a plusieurs années ... j'ai rencontré Monsieur Duval.
3. Il y a un an ... il travaille dans cette entreprise.
4. Il y a un an ... il a travaillé deux semaines dans cette entreprise.
5. Il y a un an ... il a commencé à travailler dans cette entreprise.
6. Il y a eu huit jours dimanche dernier ... Jean m'a accompagnée au cinéma.
7. Quand je l'ai vu dimanche dernier, il y avait un mois ... il travaillait dans cette entreprise.
8. Il y aura trois mois le 10 mai ... il est à Paris.

▶ 6 *Depuis, dès, à partir de* [point de départ d'une action, d'un état]

Complétez en combinant la préposition voulue avec l'article, s'il y a lieu.

1. Jean est venu me voir ... son arrivée à Paris pour que je l'aide à trouver une chambre.
2. Jean n'est toujours pas venu me voir ... son arrivée à Paris. Il aura certainement eu d'autres choses à faire.
3. ... la fin du XIXe siècle, l'électricité a transformé les conditions de vie. Aujourd'hui on a du mal à s'imaginer comment on pourrait s'en passer.
4. ... la fin du XIXe siècle, l'électricité avait transformé les conditions de vie.
5. ... le début il est hostile à nos projets et il a tout fait pour les faire échouer.
6. ... le début il s'était montré hostile à nos projets, mais il a finalement accepté de les soutenir.
7. ... son accident il est resté infirme.
8. Jean et moi, on s'est disputé quand on s'est vu à l'anniversaire de sa sœur. ... ce jour-là, il ne m'a plus adressé la parole.
9. Le nouveau règlement sera appliqué ... le 1er octobre.
10. ... dix ans nous allons en vacances en Corrèze. Cette année on y retourne également et nous avons loué un gîte rural ... le 14 juillet.
11. ... son enfance notre fils s'intéresse aux mathématiques.
12. ... maintenant tout va changer.
13. ... demain nous nous mettrons au travail.
14. ... quand êtes-vous rentré de vacances?
15. Nous nous connaissons ... longtemps.

16. Cette femme a eu une jeunesse difficile. Il lui a fallu travailler … l'âge de 12 ans.
17. … l'âge de 12 ans, elle a travaillé dur.

7. *infirme* körperbehindert
10. *le gîte rural* Ferienwohnung, -haus auf dem Land

7 *Jusque/jusqu'à, de/depuis … à/jusqu'à, d'ici/d'ici à* [équivalents de l'allemand *bis, von … bis*]

Complétez en ajoutant l'article selon les cas.

1. Nous allons rester … lundi/ … lundi de la semaine prochaine.
2. Vous avez oublié de me mettre au courant de l'affaire; je n'en savais rien … aujourd'hui.
3. Il est midi et il n'est toujours pas venu. … quand voulez-vous l'attendre?
4. C'est abrutissant de faire le même travail … matin … soir.
5. Nous vous avons attendu … huit heures … onze heures.
6. L'organisation administrative de la France est restée plus ou moins la même … Napoléon … nos jours.
7. … vendredi j'aurai terminé ce travail urgent; … ici j'en suis à peu près à la moitié.
8. Je cherche un appartement pour le 1er décembre; j'espère que … là je trouverai quelque chose. … là je resterai à l'hôtel.
9. «A tout à l'heure», m'a-t-il dit en sortant, «j'espère que … là tu auras pris une décision».
10. – Tu as des nouvelles de Pierre?
    – Non, … maintenant, il ne s'est toujours pas manifesté.

4. *abrutissant, ante* geisttötend, stumpfsinnig

8 *Après, au bout de, dans* [postériorité]

Complétez.

1. L'accident nucléaire a occupé la une des journaux pendant une quinzaine de jours. (…) trois mois (…) on n'en parlait plus.
2. Il faut de la patience, ces mesures ne produiront leur effet que (…) quelques années (…).

3. Le coureur, qui était épuisé par la course, s'était remis de ses efforts (...) quelques minutes (...).
4. ... ces quelques minutes de repos, il a donné une conférence de presse.
5. J'ai averti mon ami fin octobre que j'irais à Lyon en décembre. Comme je n'avais toujours pas reçu de réponse (...) un mois (...), je pensais partir seul lundi dernier. Mais (...) deux jours (...), j'ai reçu le télégramme dont je vous ai parlé.
6. Si vous revenez ... une heure, Monsieur Robert sera sûrement à la maison.
7. La Prévention routière conseille aux automobilistes de faire une halte ... plusieurs heures de route.
8. ... mes études, j'irai faire un stage en Allemagne.
9. Des alpinistes ont entrepris l'ascension du mont Blanc par sa face nord. Ils sont rentrés épuisés (...) trois jours (...).
10. ... trois jours de lutte contre les mauvaises conditions atmosphériques, la cordée a dû abandonner.

10. *la cordée* die Seilschaft

▶ 9 Révision

Indiquez parmi les expressions entre parenthèses celles qui sont correctes.

1. J'aurai terminé l'exposé (en / dans / d'ici) quelques jours.
2. Ma femme vient de sortir; elle ne rentrera que (dans quelques heures / en quelques heures / quelques heures après).
3. M. Dupont n'est pas là (en ce moment / à ce moment / dans ce moment); il est parti en ville.
4. Mon mari n'est pas là; il est parti à Paris (pour / pendant / Ø) quelques jours.
5. (Depuis / Dès / Ø) longtemps nous savions qu'il nous trompait.
6. La voiture devra être réparée (jusqu'à / d'ici / pour) vendredi.
7. L'enfant qui s'était perdu dans la foule n'est rentré (qu'au bout de quelques heures / que quelques heures après / que dans quelques heures).
8. Nous nous sommes arrêtés (au bout d'une heure de route / après une heure de route / une heure de route après).
9. Mon frère partira aux Etats-Unis et ne reviendra (qu'au bout d'un an / que dans un an / qu'après un an).
10. Mon frère, qui était parti aux Etats-Unis, est revenu (au bout de quelques mois / dans quelques mois / quelques mois après).
11. Mon frère, qui était parti aux Etats-Unis, est revenu (il y a un an / avant un an / depuis un an).

12. Mon frère, qui était parti aux Etats-Unis, est de retour (il y a un an / avant un an / depuis un an).
13. (A partir de / Depuis / Dès) quand entrera en vigueur le nouveau règlement?
14. Ce sont de vieux amis; ils se sont connus (il y a longtemps / depuis longtemps / pendant longtemps).
15. Ce sont de vieux amis; ils se connaissent (il y a longtemps / depuis longtemps / pendant longtemps).

13. *entrer en vigueur* in Kraft treten

10 Révision

Traduisez.

1. Ich werde Sie morgen um 8 Uhr / gegen 8 Uhr / nach 8 Uhr / vor 8 Uhr / zwischen 8 und 9 Uhr anrufen. Wir können dann vereinbaren, ob wir uns am Vormittag treffen.
2. In einer Woche gibt es Ferien. Wir wollen versuchen, noch vor der großen Reisewelle unterwegs zu sein.
3. Ich bin in letzter Zeit viel unterwegs. Vor einer Woche war ich noch in Holland; in 14 Tagen werde ich für eine Woche zu einer Tagung nach Paris fahren.
4. Wenn Sie am Vormittag abfahren, können Sie gegen Abend da sein. Vom nächsten Monat an kann man die Strecke in zehn Stunden zurücklegen, denn der neue Autobahnabschnitt wird am 1. Februar für den Verkehr freigegeben.
5. Nach zwei Stunden Fahrt sollte man eine Pause machen, um sich die Beine zu vertreten.
6. Die beiden Rallyefahrer mußten nach zwei Tagen infolge eines Maschinenschadens aufgeben.
7. Wenn Sie einen Unfall haben, müssen Sie diesen innerhalb von 24 Stunden Ihrer Versicherung melden.
8. Wie lange haben Sie Herrn X. nicht gesehen? Ich habe ihn schon lange nicht gesehen, vor einem Jahr etwa zum letzten Mal.
9. Ich habe jeden Tag bis spät abends gearbeitet, um das Referat bis zum Ende der Woche fertig zu bekommen.
10. Bis zum Ende des Jahres müssen wir noch in dieser Wohnung bleiben.
11. Bis zum Ende des Monats müssen wir aus der Wohnung ausziehen.
12. Bis wann kann ich das Buch behalten?
13. Wir können Ihren Wagen frühestens bis Freitag reparieren.
14. Man hat mir zum Jahresende eine Wohnung versprochen, aber bis dahin werde ich vielleicht auch noch etwas anderes finden.

1. vereinbaren können *traduire par: voir*
2. die große Reisewelle *les grands départs*
3. die Tagung *le congrès*
4. die Strecke *le trajet*
   der Autobahnabschnitt *le tronçon d'autoroute*
   für den Verkehr freigeben *ouvrir à la circulation*
5. sich die Beine vertreten *se dégourdir les jambes*
6. der Rallyefahrer *le pilote de rallye*
   infolge eines Maschinenschadens aufgeben
   abandonner à la suite d'ennuis mécaniques
9. das Referat *l'exposé (m.)*

Prépositions marquant le lieu [▶ 11–25]

▶11 *A, dans, en*
[indication générale de lieu et localisation à l'intérieur d'un lieu déterminé]

Complétez en combinant la préposition voulue avec l'article, s'il y a lieu.

1. Les auteurs d'attaques à main armée finissent le plus souvent ... la prison.
2. L'agitation ... les prisons françaises a attiré l'attention sur une nécessaire réforme du régime pénitentiaire.
3. Les auteurs du hold-up de la Banque Nationale de Paris viennent d'être incarcérés ... la prison de Fresnes.
4. Quand nous sortons, nous allons ... le théâtre; l'autre jour, nous sommes allés ... un théâtre d'avant-garde, c'était ... le théâtre du Grand Four, mais la pièce était malheureusement très mauvaise.
5. Les plus belles collections du monde sont réunies ... le musée du Louvre. C'est d'ailleurs ... ce musée que se trouve la fameuse Joconde de Léonard de Vinci.
6. Je prends mon train ... la gare Montparnasse à cinq heures; il semblerait que tout Paris soit ... cette gare à ce moment-là. J'habite ... la banlieue, et pour être précis ... la banlieue sud.
7. J'en ai de plus en plus marre de vivre ... la ville. Je préférerais vivre ... la campagne.
8. Tous les vendredis, ma femme va ... la ville faire ses courses.
9. ... certaines villes, comme à Saint-Flour par exemple, on précise si on habite ... la ville basse ou ... la ville haute.
10. Je passe mes vacances ... la mer, c'est plus gai que ... la montagne ou que ... la campagne.
11. Dans la région de Chamonix, on peut faire de magnifiques excursions ... la montagne.
12. Pendant l'été, les bergers vont vivre ... la montagne avec leurs troupeaux et redescendent ... la plaine quand la mauvaise saison arrive.
13. ... la Montagne Noire, ... le nord-ouest de Béziers, on peut faire de magnifiques randonnées.
14. Béziers se trouve ... le sud de la France. ... la campagne environnante il y a énormément de vignes.
15. Les touristes envoyés par l'agence «Voyages Berrichons» descendent toujours ...

l'Hôtel du Mont-Blanc; comme il y a un restaurant ... l'hôtel, ils peuvent rentrer très tard et y prendre leurs repas.

16. A midi, quand j'ai le temps, je déjeune ... le restaurant. Hier par exemple, j'ai mangé ... un petit bistrot vraiment très sympathique ... le 6e arrondissement.
17. Je passerai ... mon bureau demain vers dix heures.
18. Si vous voulez bien me suivre, passons ... mon bureau, nous y serons mieux pour discuter.
19. Quand l'explosion s'est produite, il y avait heureusement très peu d'ouvriers ... l'usine; il y aurait eu sinon de nombreuses victimes.
20. On annonce une grève ... l'usine Citroën de Rennes.

1. *l'attaque (f.) à main armée* bewaffneter Überfall
2. *le régime pénitentiaire* das Strafvollzugssystem
3. *incarcérer* festnehmen und ins Gefängnis einliefern

12 *A, dans* [sens concret vs. sens abstrait]

Complétez en combinant la préposition voulue avec l'article, s'il y a lieu.

1. Qu'est-ce que tu as ... la bouche? Encore un chewing-gum?
2. Arrête de parler d'argent. On dirait que tu n'as que ce mot ... la bouche.
3. Quand j'ai lu le menu, cela m'a mis l'eau ... la bouche.
4. Les journaux commencent à s'entasser sur mon bureau, il faudrait que je les jette ... le feu.
5. Il faudrait remettre quelques bûches ... le feu, sinon nous aurons froid tout à l'heure.
6. Je suis sûr que c'est Patrick qui gagnera le match. J'en mettrais ma main ... le feu.
7. Un animal amphibie peut vivre soit ... l'air soit ... l'eau.
8. C'est un projet qui est malheureusement tombé ... l'eau.
9. L'industrie chimique rejette souvent ... l'air des fumées toxiques.
10. J'ai exposé les draps ... l'air car ils sentaient le renfermé. La maison était restée fermée tout l'hiver.
11. Mon ancien patron se trouve maintenant ... la tête d'une entreprise de plus de deux cents personnes.
12. J'arrête de boire. Ce vin me monte ... la tête.
13. Quand Pierre a entendu la nouvelle, il a levé les bras ... le ciel.
14. Les conditions atmosphériques étaient idéales pour le vol à voile. Il y avait de nombreux planeurs ... le ciel.

4. *s'entasser sur qc* sich stapeln, sich anhäufen
9. *toxique* giftig, Gift–

▸13 *A, sur* [localisation générale vs. localisation précise et concrète]

Complétez en combinant la préposition voulue avec l'article, s'il y a lieu.

1. Il y a un petit restaurant ... la plage tout près de l'embarcadère.
2. Si vous allez ... la plage, emmenez les enfants.
3. J'ai dit à Philippe qu'on serait vers midi ... la terrasse du Café de Paris.
4. En vacances, j'aime prendre des bains de soleil ... la terrasse.
5. Sortons ... le balcon, il fait très doux ce soir.
6. Ma voisine passe ses après-midi accoudée ... le balcon à regarder passer les gens.
7. La petite ville d'Erquelinnes a été construite exactement ... la frontière entre la France et la Belgique.
8. Les douaniers de Menton viennent de saisir ... la frontière dix kilos d'héroïne pure.
9. Madame Jaspinet adore faire la causette ... le seuil de sa porte.
10. La peinture moderne commence avec l'aventure cubiste ... le seuil du vingtième siècle.

1. *l'embarcadère (m.)* der Landungssteg, die Landungsbrücke

9. *faire la causette* ein Schwätzchen halten

▸14 *A, dans, sur* [centre d'intérêt: la ville et les voies de communication]

Complétez en combinant la préposition voulue avec l'article, s'il y a lieu.

1. Les transports en commun sont insuffisants, que ce soit ... Paris ou en province.
2. Le quartier des affaires occupe ... Paris un domaine nettement délimité.
3. L'église Saint-Eustache, ... le quartier des Halles, est une des plus intéressantes de Paris.
4. Les quartiers chic de Passy et d'Auteuil se trouvent ... le seizième arrondissement.
5. Les Halles de Paris ont été transférées à Rungis, ... la banlieue sud.
6. L'Assemblée nationale siège ... le Palais-Bourbon et le Sénat ... le Luxembourg.
7. Le Figaro est installé ... un très bel hôtel particulier ... le rond-point des Champs-Elysées.
8. J'ai rendez-vous ... les Champs-Elysées vers six heures.
9. Quand on est ... les Tuileries, on a devant soi une extraordinaire perspective sur l'Arc de triomphe; sous certains angles malheureusement, on aperçoit un peu les tours qu'on a construites ... la Porte Maillot.
10. ... la place de la Concorde se trouvent des statues représentant les grandes villes de France.

11. Il est interdit de faire du vélo ... le trottoir, il faudra bien que les enfants s'habituent à rouler ... la rue et ... les routes malgré le danger.
12. ... les grandes villes, les mères de famille profitent souvent du mercredi après-midi pour aller avec leurs enfants ... un square ou ... un parc.
13. Alain m'a raconté qu'à douze ans il allait régulièrement ... le stade d'athlétisme de son quartier ou alors qu'il traînait ... les cours d'immeubles ou ... les rues.
14. A certaines heures, on roule moins vite ... le périphérique que ... les boulevards des Maréchaux.
15. Le chanteur Disquel habite ... une des avenues en bordure du Bois de Boulogne.
16. La vitesse est limitée ... presque toutes les autoroutes européennes.
17. Un accident s'est produit ... la nationale 7 près de Montélimar.
18. On a bien failli se perdre ... les petits chemins autour de Villeneuve.

6. *siéger* hier: seinen Sitz haben

15 *A, dans, sur* [centre d'intérêt: la maison]

Complétez en combinant la préposition voulue avec l'article, s'il y a lieu.

Un audacieux cambriolage

Des cambrioleurs se sont introduits la nuit dernière ... la maison du célèbre collectionneur Fosser. Ils sont venus en voiture et ont mis leur voiture ... le garage de la maison. Ils ne se sont pas attardés ... l'entrée où se trouvait un tableau trop grand pour être emporté; ... le salon, ils ont fait main basse sur les tableaux qui se trouvaient ... les murs: des impressionnistes, orgueil de la collection Fosser. En passant ils ont raflé quelques bronzes antiques ... les étagères. Ils n'ont rien pris ... la salle-à-manger, si ce n'est de l'argenterie ancienne ... un tiroir. Ils n'en sont pas restés là. ... la bibliothèque, qui sert aussi de bureau à M. Fosser, ils ont volé quelques livres rares. En repassant ... le vestibule, pour monter ... l'étage, ils ont pris le manteau de fourrure de Mme Fosser qui se trouvait ... le portemanteau. ... l'escalier, ... le palier du premier, ils ont renversé un vase ancien d'une valeur inestimable. ... le premier, ils sont entrés ... la chambre des époux Fosser, où se trouve d'ailleurs le coffre-fort. Mais ils ont dû se contenter des tableaux; ils ont d'ailleurs dédaigné ... la terrasse une remarquable sculpture, et ils ne sont même pas allés ... la cave, où, pourtant, se trouvent les tableaux que le collectionneur n'expose pas. Par contre ils sont allés ... le jardin. On ignore toujours pourquoi.
M. Fosser, qui a réuni les journalistes peu après ... son bureau, a dit, avec beaucoup d'humour, que les voleurs étaient des gens de goût, à voir ce qu'ils avaient pris, et qu'il se félicitait de ne pas avoir laissé de champagne ... le frigo, sans quoi ils l'auraient sûrement bu!

Toujours est-il que le vol se monte à plusieurs millions de francs. La police ne possède encore aucun indice, si ce n'est un paquet de cigarettes oublié ... les toilettes et une lampe de poche ... la cuisine.

audacieux, euse kühn
faire main basse sur qc etw. stehlen
rafler qc mitgehen lassen
dédaigner qc nicht beachten, übersehen

▶ 16 *Dans, sur* [cas divers]

Complétez.

1. Toute la famille a regardé le match à la télévision hier soir, les enfants ... des tabourets, les uns ... des chaises et les autres ... les fauteuils.
2. Les enfants sont en train de jouer aux gendarmes et aux voleurs ... la cour et ... l'escalier.
3. L'école est ... la place du village alors que la mairie est ... la rue Carnot.
4. Les agriculteurs travaillent ... les champs avec de puissants tracteurs.
5. Dans certaines régions, les vaches restent ... les prés toute l'année.
6. J'ai lu ... le journal que les viticulteurs avaient bloqué l'autoroute près de Narbonne.
7. Les élèves oublient souvent de mettre leur nom ... leurs copies. Et pourtant je suis sûr qu'on leur dit chaque fois d'écrire leur nom ... la marge.
8. L'instituteur a relevé ... certaines copies jusqu'à cinquante fautes.
9. La ville d'Avignon se trouve ... la rive gauche du Rhône.
10. Avec ses deux mille mètres d'altitude, le mont Ventoux fait figure de géant ... la plaine rhodanienne.
11. On peut faire ... les îles grecques de magnifiques croisières.
12. Je passe mes vacances ... la Côte d'Azur.
13. Les promenades en vélo seraient un plaisir si on ne peinait pas tant ... les côtes.

1\. *le tabouret* der Hocker
10\. *la plaine rhodanienne* die Rhoneebene

▶ 17 *A, dans, en, sur* [emploi avec *mer* et *terre*]

Complétez en ajoutant l'article selon les cas et en le combinant, s'il y a lieu, avec une des prépositions ci-dessus.

1. Nous avons fait une promenade ... mer avec les pêcheurs.
2. Quand je suis ... mer, je mange toujours beaucoup de poisson.

3. Quand on est tout seul ... haute mer pendant des mois, comme le sont les navigateurs solitaires, la vie doit être bien dure.
4. «Un homme ... mer!» s'est écrié le matelot.
5. Les animaux amphibies vivent aussi bien ... terre que ... mer.
6. La supériorité des Etats-Unis à la fin de la guerre était totale, ... terre comme ... mer.
7. Beaucoup pensent qu'il vaut mieux chercher son bonheur ... terre plutôt qu'ailleurs.
8. M. Mornet est mort avant-hier, on vient de le porter ... terre.
9. Quand le paquebot a fait escale à Gênes, tout le monde est descendu ... terre.
10. Les chiens creusent des trous ... terre pour enterrer leurs os, du moins dans les dessins animés.
11. Le comte d'Harebourg vit retiré ... ses terres.
12. En arrivant dans la cour, le cavalier a mis pied ... terre.
13. Voilà un candidat qui a les pieds ... terre. Il est le seul à proposer des projets réalisables.
14. Ecoute Alain, reviens ... terre. Tu vois bien que tu rêves!

9. *le paquebot* das Passagierschiff
faire escale einen Hafen anlaufen

18 *Dans, sur, de* [situation ou mouvement: points de vue différents de l'allemand et du français]

Complétez en combinant la préposition voulue avec l'article, s'il y a lieu.

1. Si tu veux boire quelque chose, prends la bouteille ... l'armoire et sers-toi un bon cognac, mais bois-le ... un verre à dégustation, il aura plus de parfum. Prends-en un ... l'étagère qui est à côté de l'armoire.
2. J'ai découpé ... la page littéraire du journal un article très intéressant sur le dernier Prix Goncourt.
3. J'ai beaucoup admiré la dernière scène du film policier hier à la télévision, où l'on voit l'inspecteur Grosset arracher ... les mains du bandit son pistolet; c'était plein de suspense.
4. Enlevez les valises ... l'entrée du compartiment, elles gênent.
5. Ma femme a copié ... un vieux livre de cuisine de sa mère une succulente recette de rôti de veau.
6. Pour acheter la voiture, il a bien fallu retirer de l'argent ... le compte d'épargne pour le verser sur le compte courant.

5. *succulent, ente* köstlich

▶ 19 *Au-dessus de, sur, par-dessus*

Complétez en combinant la préposition voulue avec l'article, s'il y a lieu.

1. En montant ... une chaise, on pourra atteindre le haut de l'armoire.
2. Il faut se méfier de ce chien, il serait capable de sauter ... la clôture.
3. Mon adresse est ... ma carte de visite.
4. On n'a pas bien vu le Concorde à Roissy, il volait ... les nuages.
5. La température montera ... zéro, mais il neigera encore ... la moitié nord de la France.
6. N'oubliez pas de mettre une veste bien chaude ... votre pull.
7. Les voisins d'à côté m'énervent; il faut toujours qu'ils regardent ... la haie quand je tonds la pelouse. Les Martin, qui habitent ... chez nous, se plaignent aussi souvent d'eux.
8. Avec ses lunettes ... le nez et son chapeau ... la tête, M. Doyen a l'air d'un vieux prof.
9. A Rouen, on a construit un nouveau pont ... la Seine.

2. *la clôture* der Zaun

▶ 20 *Au-dessous de, sous, par-dessous*

Complétez en combinant la préposition voulue avec l'article, s'il y a lieu.

1. En marchant à deux ... un parapluie, on n'a pas le temps de s'ennuyer.
2. La famille qui habite ... chez nous se plaint du bruit que font les enfants.
3. Comme il faisait très chaud, nous nous sommes mis à l'ombre ... un arbre.
4. Quand la mode est aux mini-jupes, les robes ... le genou font vieux jeu, et inversement.
5. Comme vous n'étiez pas là, j'ai glissé un petit mot ... votre porte.
6. Mon chef de service cache sa dureté ... une apparence de bonhomie souriante.
7. La température est tombée, pour la première fois ce mois-ci, ... zéro.
8. Pour sortir, le chat est passé ... le grillage.
9. Cette maison n'accepte pas les chèques ... cinq cents francs.
10. L'accident s'est passé ... mes yeux.

▶ 21 *Avant, devant*

Complétez.

1. Allez droit ... vous, le bureau de poste est juste ... le pont.

2. En français plusieurs mots ont un sens différent selon qu'ils sont placés ... ou après le nom.
3. Je vous attendrai à midi ... la gare.
4. Les trois délinquants mineurs qui avaient attaqué une vieille retraitée comparaîtront ... le juge pour enfants.
5. Tous les hommes sont égaux ... la loi.
6. Nous allons garer la voiture ... le carrefour, juste ... le bureau de tabac.
7. Regardez bien ... vous quand vous descendrez l'escalier parce que la lumière ne marche pas.
8. Vous êtes jeune, vous avez l'avenir ... vous.
9. Quand le chef du personnel est arrivé, la secrétaire, qui connaissait Patrick, l'a fait entrer ... les autres qui attendaient depuis longtemps.
10. Je suis sûr que pour ton frère le travail passe ... la famille.

4. *le délinquant* der Straffällige

22 *Après, derrière*

Complétez.

1. Vous passerez ... la mairie, et vous continuerez tout droit jusqu'à une station service, juste ... celle-ci, vous tournerez à gauche: c'est là. Vous ne pouvez pas manquer la maison, c'est la première ... l'église.
2. A l'entrée de la dernière courbe, la Matra était ... la Porsche, mais cinq cents mètres plus loin, à l'arrivée, la Porsche arrivait ... la Matra.
3. Il y a un petit bois ... chez moi.
4. Je suis sûr que pour ton frère, la famille passe ... le travail.
5. Si vous descendez dans le Midi, vous êtes presque sûr de rencontrer le soleil ... Lyon.
6. Le gouvernement n'est pas très sûr d'avoir toute sa majorité ... lui pour approuver ce projet.
7. Un rétroviseur, c'est fait pour regarder ce qui se passe ... soi, pas pour se repeigner.
8. En français, les adjectifs de couleur sont généralement placés ... le nom.
9. Le champion néerlandais courait juste ... le champion du monde sans arriver à le dépasser.
10. Les enfants marchaient l'un ... l'autre au bord de la route.

7. *se repeigner* sich die Frisur in Ordnung bringen

▸23 *Chez, près de, auprès de* [équivalents de l'allemand *bei*]

Complétez en combinant la préposition voulue avec l'article, s'il y a lieu.

1. Je crois qu'il habite ... chez nous. Ces derniers temps, je le rencontre souvent ... le boulanger.
2. Venez vous asseoir ... moi.
3. L'opéré n'allait pas bien, l'infirmière a dû rester ... lui toute la nuit.
4. Venez voir la télévision ... nous ce soir, c'est la finale de la coupe d'Europe de football.
5. Plusieurs personnalités de la vie politique ont fait des démarches ... le Premier ministre pour l'amener à intervenir dans l'affaire.
6. Je ne me rappelle plus ... quel auteur se trouve cette anecdote, mais je la retrouverai facilement.
7. L'ambassadeur est le représentant d'un Etat ... un Etat étranger.
8. Vous trouverez le restaurant dont je vous ai parlé ... Cabourg.
9. Ce sondage a été réalisé ... un échantillon représentatif de 1000 personnes.

5. *faire des démarches* Schritte unternehmen

9. *l'échantillon (m.) représentatif* die repräsentative Stichprobe

▸24 *A travers, par* [équivalents de l'allemand *durch*]

Complétez.

1. Pendant des heures et des heures, ma voisine observait les allées et venues des passants ... les rideaux de sa chambre.
2. Quand le propriétaire est entré dans la pièce, le voleur a sauté ... la fenêtre.
3. Quand j'ai entendu du bruit dans la cour, j'ai regardé ... la fenêtre, mais je n'ai vu personne.
4. Le plan de l'appartement que nous avons loué cet été était assez curieux; il fallait passer ... la chambre pour arriver aux toilettes.
5. Le temps s'améliore. On voit même le soleil passer ... les nuages.
6. J'ai dû m'enrhumer hier soir. On sentait le froid même ... un gros pull de laine.
7. Avec ce filet vous n'attraperez rien, tous les poissons vont passer ... les mailles.
8. Le livre est passé ... tant de mains qu'il est tout abîmé.
9. Le médecin a dû se frayer un chemin ... la foule pour arriver sur les lieux de l'accident.
10. Pour aller dans le Midi, je vous conseille de passer ... le Massif Central à l'aller et ... la vallée du Rhône au retour.

9. *se frayer un chemin* sich einen Weg bahnen

25 Révision

Complétez en combinant la préposition convenable avec l'article, s'il y a lieu.

Il est interdit d'interdire!

On vit aujourd'hui, sans même s'en douter, ... une forêt d'interdictions. Le code pénal en offre naturellement un assez joli choix: il condamne «l'état d'ivresse ... la voie publique» ou «l'outrage aux mœurs ... un lieu public», sans parler de «la détention d'armes ... le domicile». Le code de la route est aussi fort riche à cet égard: «il est interdit de stationner ... le trottoir», «de doubler ... le sommet des côtes», «de doubler ... un virage sans visibilité» et on vous rappelle «qu'il est défendu de stationner ... la zone bleue sans disque de stationnement». Bien sûr, «la vitesse est limitée à 50 à l'heure ... la ville et à 130 ... les autoroutes». De son côté, la Prévention Routière recommande «de s'engager ... un carrefour avec prudence» ou «de s'arrêter fréquemment ... les aires de stationnement des autoroutes».

Que ces interdictions et ces conseils soient nombreux ... un domaine répressif peut paraître somme toute assez normal. Mais la vie de tous les jours nous en réserve d'autres. Vous visitez un musée par exemple, et vous voyez «qu'il est interdit de photographier ... les salles», «qu'on est prié de déposer vêtements et objets ... le vestiaire». Vous entrez ... une cathédrale et là «il est interdit de circuler ... l'église pendant les offices». Vous décidez de vous promener ... la ville, et vous voyez ... une palissade: «défense de pénétrer ... le chantier». ... le théâtre, «il est interdit de fumer ... la salle et ... les couloirs». ... l'université «il est défendu de fumer ... la bibliothèque». ... l'hôtel, «les voyageurs sont invités à ne pas laver de linge ... le lavabo». Assommé d'interdictions, vous voulez fuir, mais ... le métro déjà vous voyez «qu'il est interdit de descendre ... la voie en cas d'arrêt», et ... le train vous constatez «que l'usage des toilettes est interdit pendant l'arrêt du train ... la gare». Mais le pire assurément vous attend ... vous, surtout si vous habitez un immeuble collectif. D'abord il est interdit «de faire du bruit ... l'immeuble après 22 heures», «de faire sécher du linge ... le balcon», et «de stationner ... l'entrée». Comme on vous prend pour un enfant, on vous signale ensuite «qu'il est interdit de jeter quoi que ce soit ... la cour», et, avec plus de raffinement, «qu'il est interdit de jeter des bouteilles ... le vide-ordures». Quant aux enfants précisément, il leur est interdit «de jouer ... les ascenseurs», «de descendre ... la rampe», «de courir ... les escaliers» ou «de marcher ... les pelouses». En tout cas il y a un conseil à respecter absolument: «essuyez-vous les pieds ... le paillasson», sinon vous risqueriez de mécontenter la concierge, cette concierge qui, toujours, «est ... l'escalier» quand on a besoin d'elle.

le code pénal das Strafgesetzbuch
l'outrage aux mœurs etwa: Verbreitung unzüchtiger Schriften, Darstellungen etc.
un domaine répressif ein Bereich, der der Strafverfolgung unterliegt
le vestiaire die Garderobe
le vide-ordures der Müllschlucker
la rampe das Treppengeländer

Prépositions marquant des relations diverses [▶ 26–30]

▶ 26 *A, avec, de, Ø* [compléments apportant des caractérisations au nom]

Complétez en ajoutant l'article selon les cas et en le combinant avec les prépositions, s'il y a lieu.

1. Mon voisin vient de s'acheter une voiture ... sport ... moteur central, ... roues en alliage léger.
2. Le modèle que vous avez devant vous a un moteur ... deux cylindres.
3. Une voiture ... injection directe consommera toujours moins qu'une autre.
4. Il y avait un monde fou au Salon ... automobile. C'est à peine si j'ai pu m'approcher du stand ... voitures ... course.
5. Au rallye de Monte-Carlo, on utilise des pneus ... clous ainsi que des pneus ... course pour les épreuves où il n'y a pas de neige.
6. Une nouvelle chaîne d'hôtels ... luxe vient de s'installer dans notre ville; il y aura trois cents chambres ... téléphone, télévision, frigo et meubles ... style.
7. Je pense que désormais il sera plus facile d'obtenir une chambre ... hôtel. Je me souviens qu'un jour j'ai dû téléphoner à une dizaine d'hôtels avant de trouver une chambre ... deux lits.
8. Pour le week-end, je prends mon pull ... col roulé, un pantalon ... ville et mon veston ... carreaux. Je prends aussi mes chaussures ... marche.
9. Pierre m'a dit qu'on trouverait facilement sa maison ... campagne; c'est une maison ... volets verts, ... petit jardin devant et un toit ... tuiles.
10. Pour les vacances, on me propose un joli mas en Provence, ... vue sur la mer.
11. Le chauffage ... gaz naturel n'est probablement pas plus économique que le chauffage ... mazout, mais l'approvisionnement est mieux garanti.
12. De ce roman ... aventures, la télévision a tiré une adaptation, sous la forme d'un feuilleton ... épisodes.
13. La cuisine ... huile est bien plus légère qu'on ne le croit d'habitude.
14. Les cigarettes ... bout filtre sont peut-être un peu moins nocives que les autres.
15. Mon nouveau patron est un homme ... yeux bleus, ... front dégarni et ... barbe poivre et sel.

1. *des roues en alliage léger* Leichtmetallräder
10. *le mas* das Bauernhaus (Südfrankreich)
14. *nocif, ive* schädlich

27 *A, de* [compléments apportant des caractérisations au nom]

Complétez.

1. Comme verres ... vin, il m'arrive souvent d'utiliser d'anciens verres ... moutarde.
2. Prends un verre ... vin avec le fromage. La bouteille ... vin est derrière toi.
3. Où as-tu mis les verres ... liqueur?
4. Il n'y a plus que onze coupes ... champagne dans l'armoire, on a dû en casser une à Noël.
5. Vous prendrez bien une coupe ... champagne pour fêter votre nouvelle promotion.
6. Ce joli pot ... eau conviendra très bien pour mettre ces roses.
7. Si les gens mettaient des pots ... fleurs sur leurs balcons, nos villes seraient plus gaies.
8. Dans ce restaurant, le chariot ... desserts est somptueux.
9. J'ai vu chez «Décorama» des assiettes ... dessert qui me plaisaient beaucoup ainsi qu'un très beau service ... fondue.

28 *De, en* [compléments du nom désignant une matière]

Complétez.

1. J'ai été appelé ce matin chez le directeur général; son bureau est somptueux: fauteuils ... cuir, meubles ... acajou, table ... marbre, avec une curieuse sculpture ... polyester.
2. Pour votre voiture, choisirez-vous des sièges ... simili ou ... cuir?
3. J'ai trouvé aux soldes un très beau pull ... laine, ainsi qu'un complet ... pure laine vierge pour presque rien.
4. Pour l'hiver je vais m'acheter un pull bien chaud, ... laine des Pyrénées par exemple.
5. Les mouchoirs ... papier sont plus pratiques et plus hygiéniques que les mouchoirs ... coton.
6. Le Pont-l'Evêque est un fromage qui sent assez fort, au frigo il vaut mieux le mettre dans du papier ... aluminium.
7. Pour les fêtes je vais offrir à ma femme une chaîne ... argent ou une montre ... or.
8. Une dizaine de militants d'extrême droite arborant blousons ... cuir, rangers et barres ... fer ont semé la terreur dans les rues du quartier.
9. Un banal tuyau ... plomb peut devenir une arme redoutable dans une manifestation.
10. Quand on fait de l'escrime, il faut avoir des nerfs ... acier.
11. Il faut une santé ... fer pour participer à certaines compétitions sportives.
12. Mes parents ont fêté leurs noces ... or dimanche dernier.

1. *l'acajou (m.)* Mahagoni
2. *le simili(-cuir)* das Kunstleder
9. *le tuyau* das Rohr
10. *l'escrime (f.)* das Fechten
12. *les noces* die Hochzeit(sfeier)

▶ 29 *A, avec* [manière vs. instrument]

Complétez en utilisant la préposition voulue et en la combinant avec un déterminant.

1. Mon voisin a refait sa pelouse en la retournant ... bêche.
2. Le jardinier, qui n'avait rien d'autre sous la main, a tué la taupe ... bêche.
3. Les travaux de déblaiement de l'autoroute ont été effectués ... bulldozers puissants.
4. Sur le chantier de l'autoroute, on travaille ... bulldozer.
5. Ma secrétaire va taper la lettre ... machine.
6. Lorsqu'on a écrit une fois ... machine à écrire électrique, on a du mal à se faire à une machine à écrire ordinaire.
7. L'autre soir, j'ai enregistré un concert de jazz ... magnétophone. Un excellent concert d'ailleurs, mais l'enregistrement aurait été supérieur si j'avais pu le faire ... magnétophone plus perfectionné.
8. Les élèves ont le droit d'écrire la composition ... stylo à bille, mais pas ... crayon-feutre.
9. On ne peut écrire sur une ardoise qu' ... crayon spécial.
10. L'assassin a tué sa victime ... pistolet qu'il avait emporté.
11. Le tir ... pistolet est une discipline olympique.
12. Les troupes régulières ont attaqué les rebelles ... roquette et ... lance-flammes.

1. *la bêche* der Spaten
2. *la taupe* der Maulwurf
3. *les travaux de déblaiement* die Aufräumungsarbeiten
9. *l'ardoise (f.)* die Schiefertafel
12. *la roquette* die Rakete, das Raketengeschoß

▶ 30 *A, dans, en, par, sur* [centre d'intérêt: les moyens de transport]

Complétez en utilisant la préposition voulue et en la combinant avec un déterminant s'il y a lieu.

1. Ma femme va ... voiture à son bureau, mon fils aîné va ... moto à la fac, tandis que le plus jeune va ... vélo au lycée. Moi, je vais au bureau ... pied, car c'est tout près; mais quand il pleut, M. Lebon, un voisin, me prend parfois ... voiture.
2. Je l'ai vu partir ... voiture rouge que je n'avais jamais vue.
3. Je ne sais pas encore si nous irons en Corse ... avion, ou si nous irons ... train, puis ... bateau.
4. Voyager ... chemin de fer peut présenter des avantages par rapport aux déplacements ... voiture.
5. Les lettres expédiées ... bateau arrivent deux jours plus tard que le courrier expédié ... avion.

6. Si vous arrivez ... train de midi, je peux venir vous prendre à la gare.
7. L'Atlantique est franchi plus vite ... Concorde que ... Boeing.
8. C'est un équipage français ... voiture allemande qui a gagné les Vingt-Quatre Heures du Mans.
9. Cette année-là, le rallye de Monte-Carlo a été gagné par un équipage scandinave ... Alpine-Renault.
10. L'agence de voyage «Mertour» propose une belle croisière en Méditerranée ... luxueux paquebot, à un prix très avantageux.
11. Des clubs hippiques organisent des vacances originales: une ou deux semaines de randonnées ... cheval dans de très belles régions.
12. Cet été, dans les Pyrénées, nous avons fait une excursion ... dos d'âne.

B

Le groupe verbal

Chapitre 6
Le verbe et ses formes: les auxiliaires *avoir* et *être*

Présentation générale

L'étude des formes du verbe sera limitée à l'emploi des **auxiliaires** *avoir* et *être* dans les formes verbales composées ainsi qu'à des problèmes d'**accord** qui s'y rattachent.
La répartition des auxiliaires *avoir* et *être*, dans la langue actuelle, est la suivante:

1. Les verbes à la **forme pronominale** prennent **toujours** *être* (p. ex.: ils se sont lavés)
2. Les verbes à la **forme non-pronominale** se distribuent ainsi:

Verbes qui prennent toujours *avoir*	Verbes qui prennent toujours *être*	Verbes qui prennent soit *être*, soit *avoir*
(plus de 99 % des verbes français)	(≈ 27 verbes)	(14 verbes)

- Parmi les verbes qui prennent **toujours** l'auxiliaire *être* mentionnons:
  aller, apparaître, arriver, décéder, devenir (redevenir), entrer, mourir, naître (renaître), partir (repartir), rester, tomber (retomber), venir et quelques-uns de ses composés (intervenir, parvenir, survenir, etc.), mais pas tous.
- Les verbes qui prennent *avoir* ou *être* **selon la construction ou le sens du verbe** sont les suivants:
  descendre (redescendre), monter (remonter), passer (repasser), rentrer, ressusciter, retourner, sortir (ressortir), paraître, demeurer, auxquels il faut ajouter accourir qui admet, en variation libre, les deux auxiliaires.

Les exercices portent
- sur des cas divers présentant souvent un intérêt du point de vue contrastif ▶ 1–2;
- sur des verbes déterminés ayant des emplois spéciaux ▶ 3–4;
- sur l'accord du participe passé des formes verbales composées ▶ 5.

H GE chap. 2; GhF chap. 7, 163–167, chap. 18, 377–379

1 *Avoir* et *être* [cas divers]

Complétez les phrases en employant les formes convenables des auxiliaires *avoir* et *être* et **accordez** le participe dans les cas où cela est nécessaire.

La circulation en ville: un témoignage vécu par Madame Mallet

La circulation en ville ... beaucoup *changé* en quelques années: le nombre d'automobiles ... tellement *augmenté* qu'on ne peut plus ni circuler ni stationner. Vendredi dernier, par exemple, je ... *été* en ville à une heure de pointe; c'était pour un rendez-vous important. Je ... *roulé* sur les boulevards extérieurs sans trop de difficulté; mais arrivée près du centre, je ... *été pris* dans un embouteillage. Je commençais à m'énerver quand je ... *tombé* tout à fait par hasard sur une place libre. Mais voilà, je ... *garé* très loin de l'endroit où je devais aller; je ... *couru* pour rattraper le temps perdu, mais je ... quand même *arrivé* en retard à mon rendez-vous. Quand je ... *revenu* à la voiture après ... *marché* un bon quart d'heure, elle était coincée par un camion arrêté en double file. Je ... *avancé* et je ... *reculé* pendant cinq minutes, et je ... enfin *réussi* à me dégager. Je *me* ... *dit* que compte tenu de l'heure, ce n'était pas la peine de retourner au bureau et je ... *allé* directement à la maison. Avant d'y arriver, je ... bien sûr *tombé* dans un embouteillage monstre où je ... *resté bloqué* pendant plus d'une demi-heure. C'était l'heure de fermeture des bureaux. Je ... *rentré* bien plus vite à la maison si je ... *parti* du centre-ville plus tard; je ... alors certainement *circulé* dans de meilleures conditions.

2 *Avoir* et *être* [cas divers]

Complétez de la même façon **en accordant** le participe dans les cas où cela est nécessaire.

Fait divers: un accident de la circulation

En lisant le journal qui .. *paru* ce matin, Madame Mallet ... *tombé* sur le fait divers suivant:

Il ... *arrivé* hier soir un grave accident de la circulation à l'angle de l'avenue Jean Jaurès et de la rue Murillo. Monsieur Antoine Roux roulait sur l'avenue quand une puissante voiture de marque étrangère, conduite par Madame Leroi, de Lyon, ... *apparu* sur sa gauche. Cette dernière ... *abordé* le carrefour sans prendre les précautions d'usage et elle ne ... même pas *ralenti*. Monsieur Roux ... *freiné*. Mais sur la chaussée humide sa voiture ... *dérapé* et ... *heurté* de plein fouet celle de Madame Leroi. La collision ... *été* si violente que la voiture de Madame Leroi ... *grimpé* sur le trottoir et que celle de Monsieur Roux *se* ... *retourné*; l'essence ... alors *jailli* du moteur, *se* ... *répandu* sur la chaussée et les flammes ... *surgi* de partout. Monsieur Roux ... *sauté* au dernier moment de sa voiture qui ...

complètement *brûlé*. Tout cela ne ... *duré* que quelques secondes. La police ... *arrivé* immédiatement sur les lieux de l'accident, mais il ... *fallu* attendre les secours qui ne ... *intervenu* que quelques minutes après. Dans la voiture de Madame Leroi, le passager avant, dont on ignore encore l'identité, ... *mort* sur le coup. Madame Leroi ... *succombé* à ses blessures pendant son transfert à l'hôpital.

déraper ins Schleudern geraten | *jaillir* herausspritzen

▸ 3 Emploi de *avoir* et *être* avec les verbes *paraître* et *venir* et leurs composés

Complétez par l'auxiliaire exigé par le sens et **accordez** le participe dans les cas où cela est nécessaire.

1. Quand le chanteur ... *paru* sur scène, les spectateurs se sont levés pour l'acclamer. Il ne ... pas *paru* en public depuis des années.
2. Cet homme politique est en train d'écrire ses Mémoires. Le premier tome ... d'ailleurs déjà *paru*. Il ... *paru* l'année dernière.
3. Elles parlaient justement de lui quand il ... *apparu* au coin de la rue.
4. Trois semaines après l'accident, il ... *comparu* au tribunal comme témoin.
5. L'apprenti ne ... pas *paru* à son travail aujourd'hui. Il ne ... d'ailleurs pas *prévenu* ses supérieurs qui ... *paru* surpris en apprenant par hasard son absence.
6. Qu'il ait agi ainsi, cela ... *paru* invraisemblable à tous ses collègues de travail.
7. Il y a déjà plusieurs années qu'elle ... *disparu* sans laisser d'adresse. Elle ne ... jamais *réapparu* depuis.
8. Après l'orage, le soleil ... *reparu* aussitôt.
9. Le directeur de l'usine a déclaré que l'attentat ... *survenu* après le départ de tous les ouvriers et que le service d'entretien ... *parvenu* à réparer les machines endommagées.
10. Les délégués du personnel ... *convenu* de se réunir encore une fois dans le courant de l'après-midi. Le représentant de la direction ... *intervenu* pour protester contre cette décision.
11. Ils ne ... pas *parvenu* à le convaincre.
12. L'automobiliste a été condamné à une amende pour ... *contrevenu* au code de la route.
13. Si l'appartement me ... *convenu*, je l'aurais pris.
14. Pendant des années, elle ... *subvenu* seule aux besoins de toute la famille.
15. Elle m'a dit que la lettre d'invitation ne lui ... pas *parvenu* en temps utile et que personne ne la ... *prévenu*. Elle a ajouté que si elle l'avait su, elle ... sûrement *venu*.

4 Emploi de *avoir* et *être* selon la construction et le sens du verbe

Complétez par l'auxiliaire exigé par le sens et **accordez** le participe dans les cas où cela est nécessaire.

1. Suite aux pluies diluviennes qui se sont abattues toute la journée sur la région, le niveau de l'eau ... *monté* très rapidement.
2. Le baromètre ... encore *monté*: il va faire beau.
3. Pendant la nuit le thermomètre ... *descendu* à moins quinze. Il ne ... pas *descendu* aussi brusquement depuis longtemps.
4. Le prix du fuel ... *monté* à un niveau jamais atteint cette année. C'est certainement à cause de la vague de froid qui persiste depuis des semaines.
5. Pierre est en très bonne condition physique. Il ... *monté* toutes les côtes sans descendre de vélo. L'autre jour il ... *monté* au col du Bonhomme en moins d'une heure.
6. Les valises que le garçon d'hôtel ... *monté* au troisième étage ne m'appartenaient pas. Il les ... *redescendu* et il ... *monté* les miennes. Quand il ... *redescendu*, il n'avait pas l'air très content.
7. Elle a pris un taxi qui la ... *descendu* place de l'Opéra.
8. Quand elle a sonné, il ... *descendu* quatre à quatre les deux étages pour lui ouvrir.
9. C'est la rentrée des classes, le temps des vacances ... définitivement *passé*.
10. Presque tous les élèves ... *passé* dans la classe supérieure. Il n'y en a que deux qui ont redoublé.
11. Cet élève ... longtemps *passé* pour un petit génie.
12. Cette année, les vacances, nous les ... *passé* en Corse; nous y sommes allés en voiture et nous ... *passé* par l'Italie. Nous ... *passé* la frontière sans qu'on nous demande quoi que ce soit. Quant au séjour sur l'île, il a été formidable. Le temps ... *passé* trop vite.
13. La couleur de sa chemise ... *passé* au soleil: il ne veut plus la mettre.
14. Le feu ... *passé* au vert quand il a voulu traverser la rue.
15. Si tu ... *passé* à la banque, on t'a certainement dit que Madame Duchamps ... *passé* sous-directrice de l'agence.
16. Vous vous rendez compte? Françoise ... *passé outre* aux ordres du chef. Jamais une telle idée ne me ... *passé* par la tête.
17. Avec l'arrivée du froid, presque tous les fruits et légumes ont fortement augmenté. Il y en a même dont le prix ... *passé* du simple au double.
18. Avec le temps qu'il a fait depuis le début du mois, nous ne ... pas souvent *sorti* le soir. Je crois même que je ne ... pas *sorti* la voiture du garage depuis quinze jours. Hier soir, nous sommes quand même allés au cinéma. Le film que nous avons vu, ... *sorti* il y a plusieurs mois, mais nous avons dû cependant faire la queue.
19. Quand je ... *sorti* le portefeuille de ma veste, je me suis tout de suite aperçu que je n'avais plus ma carte d'identité. Je .. *retourné* à la maison. Je me demandais bien où

elle pouvait ... *passé* quand je me suis rappelé la ... *sorti* de mon portefeuille pour toucher de l'argent à la banque. Je ... donc *retourné* à la banque.

20. Comme la marchandise n'avait pas la qualité requise, le client la ... *retourné* aussitôt.

1. *des pluies diluviennes* sintflutartige Regenfälle
4. *le fuel* das Heizöl
16. *passer outre à qc* sich über etw. hinwegsetzen

▶ 5 L'accord du participe passé

Complétez par l'auxiliaire convenable et **accordez** le participe passé.

Chère Martine,

Dans ta dernière lettre tu me demandes si mes vacances *se* ... bien *passé*. Oui, bien qu'elles ... plutôt mal *commencé*. Nous ... *parti* avec la voiture que Jean et Alain *se* ... *acheté* il y a trois mois. Le premier soir, nous ne *nous* ... pas *arrêté* à Albi comme prévu. En effet à une cinquantaine de kilomètres d'Albi, nous ... *tombé* en panne. Il faisait déjà nuit. Nous ... *essayé* de trouver d'où provenait la panne mais nous n'y ... pas *parvenu*. Jean nous ... *envoyé*, Alain et moi, chercher de l'aide. La distance que nous ... *parcouru* avant de trouver une maison nous ... *paru* très longue. C'était une ferme isolée. Quand nous avons frappé, personne ne *se* ... *manifesté*. Nous *nous* ... *vu* passer la nuit à la belle étoile. En effet les voix que nous ... *cru* entendre en arrivant, provenaient de la radio. Nous *nous* ... *dit* que les habitants de la maison devaient quand même bien être là puisque la lumière et la radio ... *resté allumé*. Soudain, je les ... *vu* sortir d'un bâtiment à droite de la maison. Tout d'abord, ils *se* ... *méfié* de nous et ils ne nous ... pas *laissé* entrer. L'histoire que nous leur ... *raconté*, leur ... certainement *paru* plausible, car ils nous ... *proposé* de nous reconduire à l'endroit où nous avions laissé Jean qui, soit dit en passant, nous ... plutôt mal *reçu* quand nous ... *arrivé*. Quand je pense aux kilomètres que nous ... *dû* faire pour trouver de l'aide. Enfin toujours est-il que les paysans *se* ... vite *rendu compte* d'où provenait la panne et la ... vite *réparé*. Ils nous ... *dit* qu'à l'heure qu'il était nous ne trouverions pas d'hôtel ouvert dans la région. Ils nous ... *laissé* dormir dans leur grange. Le lendemain, après les ... *remercié* de nous ... *accueilli* si gentiment, nous *nous* ... *dirigé* vers Albi. Les quelques heures que nous ... *dormi* nous avaient fait du bien. Par la suite, nous avons souvent pensé à la chance que nous ... *eu* ce jour-là! Nous *nous* ... souvent *demandé* ce que nous ... *fait* si les paysans ne nous ... pas *aidé*.
Je termine en t'envoyant de grosses bises.

Janine

la grange die Scheune

6 Révision

Traduisez.

1. Ich denke oft an die Ferien, die wir, mein Mann und ich, dieses Jahr in Spanien verbracht haben. Wir sind zunächst zwei Wochen am Meer geblieben. Dann sind wir kreuz und quer im Lande herumgereist. Die Zeit ist sehr schnell vergangen; wahrscheinlich wegen der interessanten Erlebnisse, die wir gehabt haben, und der sympathischen Leute, denen wir begegnet sind. Gleich nach unserer Rückkehr haben wir uns gesagt, daß wir nächstes Jahr dort wieder gern Urlaub machen würden.
2. Die Ursache des Unfalls ist bekannt. Die Polizei, die sofort herbeigeeilt war, stellte fest, daß die Fahrerin des Renault auf der nassen Straße zu schnell gefahren war. Als plötzlich eine Kuh auf der Fahrbahn vor ihr auftauchte, hat sie zu stark gebremst; dadurch ist sie ins Schleudern geraten und gegen einen Baum geprallt. Sie ist allerdings noch glimpflich davongekommen. Sie hat sich nur das linke Bein gebrochen. Es hätte viel schlimmer sein können.
3. Zahlreiche Demonstranten waren gekommen, um die Sitzung zu stören. Als eine Bombe vor dem Gebäude explodierte, hat die Polizei eingegriffen. Ich weiß nicht, wieviele Demonstranten sie festgenommen hat, aber auf jeden Fall hatte sie nach kurzer Zeit alle aus dem Gebäude entfernt.
4. – Warum sind Sie nicht bei mir vorbeigekommen? Hatten wir nicht vereinbart, uns sofort nach den Ferien zu treffen?
   – Ich muß Ihnen gestehen, daß ich mit meiner Arbeit bisher kaum vorangekommen bin.
   – Haben Sie inzwischen die Bücher bekommen, die Sie bestellt haben?
   – Nein, die sind immer noch nicht erschienen, obwohl der Verlag sie schon seit langem angekündigt hat.

1. kreuz und quer im Lande herumreisen *parcourir le pays en tous sens*
   interessante Erlebnisse haben *vivre des aventures intéressantes*
2. naß *humide*
   ins Schleudern geraten *déraper*
   gegen einen Baum prallen *heurter un arbre/s'écraser contre un arbre*
   glimpflich davonkommen *s'en sortir bien/s'en sortir à bon compte*
3. der Demonstrant *le manifestant*
   etw. stören *ici: perturber qc*
   jn entfernen *ici: sortir qn/expulser qn*
4. vereinbaren, etw. zu tun *ici: convenir de faire qc*
   der Verlag *la maison d'édition*

Chapitre 7
Le verbe et ses compléments

Présentation générale

Les constructions verbales sont marquées par le **nombre d'actants** qu'admet le verbe dans la phrase. Celui-ci est fonction du plan de construction propre à chaque verbe. C'est ainsi que dans les phrases suivantes *penser* comporte deux actants obligatoires, alors que *présenter* en comporte trois.

Jean-Pierre	pense		**à son amie.**
Il	veut présenter	**Janine**	**à ses parents.**
Sujet		**COD**	**COI**

Les **fonctions** (sujet, complément d'objet direct, complément d'objet indirect, etc.) que remplissent les actants, peuvent être réalisées par des constructions différentes: groupes nominaux ou pronoms, mais aussi par des infinitifs ou des subordonnées. Ces réalisations dépendent, elles, du verbe en question.
C'est ainsi que le **COD** après les verbes *apprendre, croire, regretter* peut être réalisé, dans certaines conditions, par un groupe nominal ou par une construction infinitive:

COD = groupe nominal		**COD = construction infinitive**	
Il a appris	**sa leçon.**	Il a appris	**à conduire.**
Il ne croit pas	**ces histoires.**	Il croit	**avoir bien réagi.**
Il regrette	**votre absence.**	Il regrette	**de ne pas pouvoir venir.**

La réalisation de l'infinitif avec la préposition **à, de** ou **ø** est une particularité du verbe en question. Il faut apprendre celle-ci tout comme les constructions possibles qu'admet un verbe donné; par ex.:

Plan du verbe:	**demander + COD**	**commencer + COD**
Réalisations syntaxiques:	o groupe nominal o *à* + infinitif o proposition introduite par *que*	o groupe nominal o *à* + infinitif/*de* + infinitif

Exemples:			
Les fonctionnaires demandent	**une augmentation.** **à être augmentés.** **qu'on les augmente.**	Les équipes ont commencé	**le match.** **à jouer/de jouer.**

Les exercices portent
- o sur des compléments de verbe constitués par des groupes nominaux ou par des pronoms ▶ 1–5
- o sur des compléments constitués par des constructions infinitives ou par des subordonnées ▶ 6–12.

Ils tiennent compte de la fréquence des verbes et de certaines constructions ainsi que de différences existant entre l'allemand et le français.

H GE chap. 9, 180–210; GhF chap. 8

Compléments de verbe constitués par un groupe nominal ou par un pronom [▶ 1–5]

1 Complément d'objet direct et complément d'objet indirect

Complétez le texte en mettant *à, de* ou *Ø* selon les cas et faites les opérations nécessaires pour obtenir un texte correct.

La politique économique et sociale du gouvernement

Faut-il croire ... les plus grands économistes mondiaux qui s'attendent ... une reprise de la croissance? De nombreux groupes sociaux seraient prêts à applaudir ... ces derniers s'ils ne se rendaient pas compte chaque jour davantage ... la baisse relative de leur niveau de vie. Certes le public, qui se désintéresse si souvent ... les problèmes économiques, se plaint pratiquement toujours ... la baisse de son pouvoir d'achat. Toujours est-il que de plus en plus de gens doutent ... l'efficacité de la politique suivie par le gouvernement et sont prêts à contredire ... les estimations les plus optimistes. Dans sa dernière conférence de presse, le ministre de l'Industrie, s'est surtout adressé ... ses détracteurs. Il s'est d'abord étonné ... la campagne de presse virulente dont il est l'objet. Il a déclaré, tout en protestant ... sa bonne foi, qu'il se préoccupait beaucoup ... le pouvoir d'achat des travailleurs et qu'il s'acquitterait jusqu'au bout ... la tâche que s'était fixée le gouvernement, à savoir favoriser l'embauche des jeunes. Le ministre s'est par ailleurs réjoui ... les résultats remarquables obtenus par l'industrie française sur les marchés extérieurs. Il en a profité pour remercier au nom du gouvernement ... les petites et moyennes entreprises qui par leur action ont contribué ... le redressement de la balance commerciale. Certes on ne peut concurrencer ... les grands blocs, a-t-il ajouté, mais au sein de la C.E.E. nous précédons ... nos partenaires sur bien des points. Personne ne doute aujourd'hui ... les mutations qui se sont opérées dans notre pays. En obéissant ... les impératifs du développement économique, on a pris certains risques; il fallait bien affronter ... ceux-ci pour devancer ... nos concurrents. Notre pays qui avait toujours souffert ... une incapacité à exporter, a su profiter ... la conjoncture mondiale. Mais ce n'est que dans quelques années qu'on pourra juger ... le bien-fondé de cette politique. Le ministre a conclu ... son analyse de la situation en précisant que notre pays jouissait ... une réputation flatteuse et que notre industrie ne manquait pas ... des débouchés à l'étranger où elle pouvait s'emparer ... les marchés détenus jusque-là par d'autres pays. Il a ajouté qu'il n'y avait pas lieu de renoncer ... la politique actuelle et qu'il serait même dangereux de suivre ... une autre politique économique. Consentir ... le moindre changement de politique, aboutirait, selon lui, ... une remise en cause des résultats positifs enregistrés ces derniers mois et équivaudrait ... un échec aux conséquences désastreuses sur le marché de l'emploi. Il a terminé sa conférence de presse en précisant qu'il ne fallait pas se contenter ... les résultats obtenus mais au contraire profiter ... la tendance actuelle à la reprise pour réussir ... la restructuration de notre industrie dans les meilleurs délais.

le détracteur der Kritiker, der Verleumder
virulent, ente heftig, scharf
protester de sa bonne foi seine Aufrichtigkeit beteuern
l'embauche (f.) die Einstellung (von Arbeitskräften)
au sein de hier: innerhalb
le bien-fondé die Tragfähigkeit

▸ 2 Construction de quelques verbes fréquents

Complétez les phrases en mettant les prépositions et les déterminants convenables.

a) *aider*
1. Les explications données par le ministre ont aidé ... compréhension du projet gouvernemental. 2. L'Etat a aidé par des subventions ... certains secteurs de l'industrie. 3. Le gouvernement espère que les mesures prévues aideront ... réussite du projet de relance de l'économie.

b) *applaudir*
1. Les membres de l'association ont applaudi ... discours de leur président. 2. Les syndicats ont applaudi ... initiative du gouvernement. 3. Les spectateurs ont frénétiquement applaudi ... acteurs à la fin de la représentation.

c) *approcher*

1. Au cours du congrès il a pu approcher ... chef du parti et lui serrer la main. 2. Les difficultés surgissent souvent au fur et à mesure qu'on approche ... but. 3. Monsieur Dupont va bientôt prendre sa retraite; il approche ... soixantaine. 4. Approchez ... table ... fenêtre; vous y verrez mieux. 5. Nous approchons ... Paris; les embouteillages sont de plus en plus nombreux.

d) *assister*

1. On a assisté ... graves incidents lors de la finale de la coupe de France de football. 2. J'ai assisté l'autre jour ... conférence très intéressante. 3. Les secrétaires assistent ... patron dans son travail. 4. L'infirmière a assisté ... malade dans ses derniers moments.

e) *changer*

1. Je dois changer ... pneus avant de ma voiture, ils sont complètement usés. 2. Je suis sûr que vous pouvez améliorer la tenue de route de votre voiture en changeant ... pneus. Essayez donc des pneus sport. 3. Si vous êtes mécontent, il faut changer ... voiture. Changez-la ... voiture neuve. 4. La suppression de cette phrase ne change ... rien ... sens du passage. 5. Ici nous ne sommes pas au restaurant; on ne changera pas ... assiettes après chaque plat. 6. A l'hôtel, on nous a changé tous les jours ... draps. 7. Je n'ai aucune idée où Jacques habite actuellement; au cours des derniers mois il a changé plusieurs fois ... adresse. 8. Tu devrais partir en Allemagne, cela te changerait ... idées. Mais n'oublie pas de changer ... argent avant de partir. 9. Mon frère avait l'intention de partir aujourd'hui et puis, tout d'un coup, il a changé ... idée. Il avait déjà changé ... francs ... marks.

f) *consentir*

1. Les parents n'ont pas consenti ... mariage de leur fille. 2. Pendant l'exposition les commerçants consentent ... remise de 10% sur tous les articles. 3. Pour relancer l'industrie du bâtiment le gouvernement a consenti ... crédits importants.

g) *croire*

1. Ne croyez pas ... ce qu'il vous raconte, il n'est pas sérieux. 2. Vous avez beau affirmer qu'on peut croire ... cet homme sur parole, je ne crois pas ... sa sincérité. 3. Il a perdu la foi très jeune et ne croit plus ... rien maintenant. 4. Les athées ne croient pas ... Dieu ni ... vie éternelle. 5. Sa brillante carrière ne me surprend pas, j'ai toujours cru ... lui. 6. La situation au Proche-Orient devient de plus en plus critique; plus personne ne croit ... retour de la paix dans les prochains mois. 7. Mes enfants ont passé l'âge où on croit ... Père Noël. 8. Il faut être enthousiaste et idéaliste pour croire comme lui ... pédagogie.

h) *décider*

1. Le gouvernement a décidé ... nouvelle augmentation du SMIC. 2. Les syndicats ont décidé ... gouvernement à reprendre les négociations. 3. L'ONU a décidé ... envoi de «casques bleus» au Proche-Orient. 4. Les résultats des études préalables décideront ... maintien ou ... abandon du projet. 5. Le juge décidera ... bien-fondé de votre affaire.

i) *demander*

1. On demande ... M. Dupont au téléphone. 2. Notre entreprise demande ... secrétaire sachant parfaitement l'anglais. 3. Demandez ... votre voisine si le facteur est déjà passé. 4. Je ne peux pas vous renseigner; demandez ... agent de police de vous renseigner. 5. Il est temps de partir; on va demander ... addition. 6. Les recherches qu'il fait demandent ... temps et ... patience.

j) *hériter*

1. Après avoir hérité ... beaucoup d'argent, Laurent s'est acheté un appartement au bord de la mer. 2. Il a hérité ... cet argent ... son oncle. 3. Saviez-vous qu'il avait hérité ... son oncle? 4. Yves a hérité ... son père ... goût de la musique.

k) *jouer*

1. Vous savez jouer ... échecs? 2. Mon voisin aime jouer ... roulette et sa passion l'entraînera un jour à jouer ... ses derniers sous. 3. Claudine est une vraie petite fille; elle joue ... ses poupées alors que les garçons préfèrent jouer ... football dans la cour. 4. Notre voisin joue ... Chopin à longueur de journée. Ce serait supportable s'il savait au moins jouer ... piano. 5. L'artiste a refusé de jouer ... ce piano car il était désaccordé. 6. Arrête de jouer ... innocents. On sait très bien que c'est toi qui as tout organisé. 7. Les compagnies jouent ... baisse du prix du pétrole. 8. Connaissez-vous l'acteur qui joue ... assassin dans le dernier film de Chabrol? 9. Attention! Ne prenez pas trop de risques, vous jouez là ... jeu dangereux. 10. Ce n'est pas la peine de jouer ... mots: je connais la vérité.

l) *manquer*

1. Si tu ne te dépêches pas, tu vas manquer ... train. 2. Mon frère a manqué ... école pendant une semaine. 3. Les solutions qui ont été proposées jusqu'ici, manquent ... bon sens. 4. Pierre n'a jamais manqué ... sa parole. Il a toujours fait ce qu'il avait promis de faire. 5. Cet été je ne suis pas parti en vacances car je manquais ... argent. 6. J'arrive en retard car j'ai manqué ... sortie de l'autoroute. J'ai dû faire un détour d'au moins 30 kilomètres. 7. Tu as manqué ... Pierre de quelques minutes! Il aurait aimé te parler. 8. Cette entreprise manque ... ouvriers qualifiés.

m) *parler*

1. J'ai parlé ... votre affaire ... meilleur avocat de la ville. 2. Je ne le connaissais guère et comme nous n'avions pas d'autre sujet de conversation, nous avons parlé ... pluie et ... beau temps. 3. Il parle couramment ... français et ... anglais, et un peu ... espagnol. 4. Depuis cet incident il ne parle plus ... ses collègues car il se méfie d'eux. 5. Vous étiez en train de parler ... collègue, je n'ai pas voulu vous interrompre. 6. Le conférencier a parlé ... sujet intéressant. 7. Il aime parler ... politique, surtout ... gens qui ne partagent pas ses opinions.

n) *répondre*

1. Le conférencier a répondu ... remarques du journaliste ... un sourire ironique. 2. A la

plupart des questions que le jury lui a posées, le candidat n'a répondu que ... sottises. 3. L'élève a répondu ... questions sans se tromper. 4. Monsieur Dupont répond ... dettes ... sa femme. 5. L'appartement ne répond pas ... description qu'il m'en avait faite. 6. Vous pouvez avoir une confiance totale en M. Dupont, je réponds ... son honnêteté. 7. Le résultat n'a pas répondu ... attente générale.

o) *rêver*
1. J'ai rêvé ... toi la nuit dernière. 2. Beaucoup de jeunes rêvent ... société plus humaine. 3. Quand je suis seul, sans rien faire, j'aime rêver ... vacances de l'année prochaine. 4. Fais donc attention! ... quoi rêves-tu?

p) *satisfaire*
1. Le patronat a satisfait ... revendications des ouvriers en grève. 2. Notre fils ne pourra commencer ses études qu'après avoir satisfait ... ses obligations militaires. 3. Dans notre société d'abondance il ne s'agit plus, en premier lieu, de satisfaire ... besoins élémentaires de l'homme. 4. Les réponses du candidat n'ont guère satisfait ... jury. 5. L'industrie n'arrive pas à satisfaire ... demande croissante d'emplois.

q) *servir*
1. Le garçon a refusé de servir ... client en prétextant qu'il était trop tard. 2. Il faut attendre un moment, le garçon ne nous a pas encore servi ... dessert. 3. La visite de sa belle-mère lui a servi ... prétexte pour ne pas venir. 4. Ces outils ne servent plus ... rien, vous pouvez les garder. 5. Un étudiant leur a servi ... interprète. 6. Qu'il ait employé cette tactique n'a guère servi ... ses intérêts. 7. Cela ne l'avait guère servi ... son travail d'utiliser ce livre.

r) *tenir*
1. Jamais il ne divorcerait, il tient trop ... sa femme. 2. On tient ... preuve qu'il est coupable. 3. Il s'agit là d'un renseignement que nous tenons ... source sûre. 4. Christian est tout le portrait de son père alors que Valérie tient ... sa mère. 5. Si Jean n'est pas venu, cela tient ... sa femme. Elle n'aime pas qu'il sorte sans elle.

s) *toucher*
1. L'affaire dont on vient de parler touche ... sa fin. 2. L'avion va toucher ... sol dans quelques minutes. 3. Pour financer son voyage aux Etats-Unis il a touché ... ses économies. 4. L'enfant s'obstine à ne rien manger, il n'a pas touché ... son déjeuner. 5. Vous avez le droit de me critiquer dans l'exercice de mes fonctions, mais ne touchez pas ... ma vie privée. 6. Est-ce que vous vous rendez compte que vous touchez là ... sujet délicat? 7. C'est un enfant qui touche ... tout. Ne laissez pas traîner vos allumettes.

t) *vivre*
1. Les passagers du Boeing détourné par les terroristes ont vécu ... aventure dramatique. 2. Comme le mari est au chômage, le ménage ne vit plus que ... travail de la femme. 3. Ses

parents ne travaillent plus, ils vivent ... leur capital. 4. Les jeunes mariés vivent souvent ... amour et ... eau fraîche. 5. Il faut vivre ... sa vie et non pas la subir.

a) 3. *la relance de l'économie* die Wiederankurbelung der Wirtschaft
f) 3. *l'industrie (f.) du bâtiment* die Bauindustrie
h) 1. *le SMIC* gesetzlich garantierter Mindestlohn
3. *les casques bleus* die Blauhelme (UNO-Soldaten)
4. *les études préalables* die Voruntersuchungen
n) 2. *la sottise* die Dummheit
p) 1. *la revendication* die Forderung
s) 4. *s'obstiner à faire qc* darauf beharren/darauf bestehen etw. zu tun

3 Construction de quelques verbes fréquents

Traduisez en employant les verbes a) *aider*, b) *changer*, c) *croire*, d) *demander*, e) *jouer*, f) *manquer*, g) *parler*, h) *répondre*, i) *servir*.

a) 1. Ihr Sohn hat ihr bei der Arbeit geholfen. 2. Die industriellen Umstrukturierungsmaßnahmen sollen die wirtschaftliche Entwicklung des Landes fördern. 3. Diese Anmerkungen tragen zu einem besseren Verständnis des Textes bei.

b) 1. Nach diesem Vorfall müssen wir unser Verhalten ändern; das ändert jedoch nichts an unseren Plänen. 2. Auf Hans ist kein Verlaß, er ändert ständig seine Meinung. 3. Sie sollten unbedingt Ihren Friseur wechseln; ich kenne einen in der Stadt, der sehr gut ist. 4. An der Grenze können Sie Ihre DM gegen französische Francs eintauschen. 5. Wenn Sie nichts dagegen haben, würde ich gern meinen Platz mit Ihnen tauschen. 6. Die Taschenlampenbatterie ist leer, sie muß ausgewechselt werden. 7. Heute muß ich unbedingt die Bettwäsche wechseln.

c) 1. Man muß schon naiv sein, um seinen Versprechungen zu glauben. 2. Selbst wenn du mir versicherst, daß alles wahr ist, glaube ich es dir nicht. 3. – Die Regierung sagt für nächstes Jahr stabile Preise voraus. – Glauben Sie an Wunder? Ich jedenfalls glaube nicht daran. 4. Glaubst du ihm? Ich an deiner Stelle würde nicht glauben, was er erzählt. 5. Als guter Christ glaubte er früher an die Dogmen der Kirche; jetzt glaubt er an nichts mehr, nicht einmal mehr an Gott.

d) 1. Eine junge Dame hat vorhin nach Ihnen gefragt. 2. Warum habt ihr nicht einen Polizisten nach dem Weg gefragt. 3. Nachdem er mich neulich beleidigt hat, hat er mich jetzt gerade um Verzeihung gebeten. 4. Vergiß nicht, ihn um das Buch zu bitten. 5. Sie müssen damit rechnen, daß die Opfer des Unfalls Schadenersatz verlangen. 6. Der Kranke verlangt nach einem Priester. 7. Diese Arbeit erfordert Zeit und Geduld.

e) 1. Sie haben allen Grund, Ihrem Kollegen zu mißtrauen; er spielt ein doppeltes Spiel. 2. Im Rex wird gerade der letzte Film von Chabrol gespielt. Weißt du, wer die Hauptrolle spielt? 3. Sein Sohn spielt Klavier und Flöte seit drei Jahren. 4. Wollen Sie nicht doch mit uns Tennis spielen kommen? 5. Obwohl er den Unschuldigen spielt, weiß jeder, daß er an der Schlägerei beteiligt war.

f) 1. Leider haben wir den Anfang des Films verpaßt. 2. Dieser Familie fehlt es am Lebensnotwendigen. 3. Die Kinder haben meiner Frau während der Ferien sehr gefehlt. 4. Der Polizei fehlt es an Beweisen, um den Verdächtigen festzunehmen.

g) 1. Das Kind wagte es nicht, mit seinem Vater über diese Angelegenheit zu sprechen. 2. Mein Freund hat mir viel von Ihnen erzählt. 3. Der Minister hat im Fernsehen über die Außenpolitik der Regierung gesprochen. 4. Da er nicht Deutsch spricht und ich nicht Französisch spreche, haben wir Englisch gesprochen. 5. Der Vortragende wird über ein sehr interessantes Thema sprechen. 6. Laden Sie nur nicht Herrn B. ein, er würde den ganzen Abend nur über Politik sprechen.

h) 1. Er beantwortete meine Frage mit einem ironischen Lächeln. 2. Seine Forschungsergebnisse entsprachen nicht den Zielen, die er sich gesetzt hatte. 3. Mein Chef kennt diesen Kunden sehr gut: er bürgt für ihn. 4. Ich werde ihn darum bitten, seine Beziehungen spielen zu lassen, aber ich garantiere für nichts.

i) 1. Wozu dienen Ihnen alle diese Kenntnisse? Aus Erfahrung kann ich Ihnen sagen, daß Sie sie doch nicht anwenden werden. 2. Das frühere Schloß dient jetzt als Museum. 3. Herr Bouleau ist ein Beamter, der dem Staat 30 Jahre lang gedient hat. 4. Sie dienen einer guten Sache, wenn Sie diese Politik unterstützen. 5. Ich hoffe, daß dieser Unfall ihm eine Lehre sein wird. 6. Sein Regenschirm dient ihm als Stock, wenn er spazierengeht.

a) 2. die industriellen Umstrukturierungsmaßnahmen *les restructurations industrielles/les mesures de restructuration industrielle*
b) 2. Verlaß sein auf *traduire par: compter sur*
6. die Batterie ist leer *la pile est usée*
7. die Bettwäsche *les draps (m.)*
c) 5. das Dogma *le dogme*
d) 5. Schadenersatz verlangen *demander des dommages et intérêts (m.)*
e) 1. ein doppeltes Spiel spielen *jouer (un) double jeu*
f) 2. das Lebensnotwendige *le strict nécessaire*
g) 5. der Vortragende *le conférencier*
h) 2. sich ein Ziel setzen *se fixer un objectif/but*
i) 4. die Sache *traduire par: la cause*
6. der Stock *la canne*

◆ 4 Verbes avec un attribut du sujet ou du complément d'objet direct introduit par *comme, de, pour* ou Ø

Complétez le texte.

La politique arabe de la France

La politique arabe de la France, que certains estiment ... scandaleuse et que d'autres considèrent ... réaliste, passe aux yeux de tous ... un élément essentiel de la politique

étrangère française. En tout cas, nombreux sont ceux qui la croient ... responsable des actes terroristes des dernières semaines et qui par conséquent rendent directement le gouvernement ... coupable.
Depuis quelques années, la France s'est déclarée ... amie de la cause arabe, tout en essayant de se montrer ... neutre dans le conflit. Cette politique a d'ailleurs valu à ses présidents successifs d'être traités ... cyniques par une partie de l'opinion publique qui tient les exportations françaises d'armes dans les pays du tiers-monde ... quelque chose d'inacceptable. La France n'a-t-elle pas proclamé à maintes reprises tout recours aux armes ... contraire aux intérêts arabes aussi bien qu'israéliens? Elle juge par ailleurs ... nécessaire de revenir aux anciennes frontières, précisées par une résolution de l'Assemblée générale de l'ONU.
Mais une chose est certaine: en cas de règlement du conflit au Proche-Orient, la France ne sera vraisemblablement plus choisie ... un des garants du traité alors qu'elle l'aurait été il y a quelques années encore.

▶ 5 Verbe pronominal ou non?

Mettez la forme convenable en tenant compte des différences entre l'allemand et le français ainsi que des différences entre forme pronominale et forme non-pronominale à l'intérieur du français.

1. Dans les années 70, le prix de l'essence (doubler) en quelques semaines. Il (augmenter) encore si les livraisons de pétrole en provenance des pays arabes avaient continué à (diminuer).
2. Quelques enfants (échapper) du centre de vacances pour aller (baigner) dans une rivière. Ils ne (douter) pas du danger qu'ils couraient. L'un d'eux a été pris dans un tourbillon et a manqué de (noyer). Au dernier moment, il a réussi à (réfugier) sur un îlot de sable au milieu de la rivière et il (échapper) ainsi de peu à la mort.
3. Le procès (tourner) maintenant autour de la véracité du témoignage de M. Dupont. L'attitude de ce dernier (changer) d'ailleurs. On commence à (méfier) de ses affirmations. Son opinion (varier) d'un jour à l'autre. Son témoignage d'hier (différer) sensiblement de ce qu'il a dit la semaine dernière. On se demande dans quel sens le procès va maintenant (développer). On peut (attendre) à ce qu'il ne (terminer) pas comme prévu.
4. Ne (bouger) pas sinon la photo sera ratée! (Tourner) un peu pour être dans le champ! Attendez ... (Patienter) encore un petit peu ... Voilà, c'est terminé! Merci.
5. – Est-ce que vous ne (apercevoir) pas qu'il (moquer) de vous?
   – Si, vous ne pouvez pas (imaginer) comme c'est agaçant.
6. Quoique je (coucher) tard hier, je n'ai pas pu (endormir) tout de suite. J'ai dû prendre

un somnifère. Mais ce matin je (réveiller) trop tard et quand je (lever), il était huit heures passées. J'ai beaucoup de problèmes actuellement. Jacques et moi, nous ne (arrêter) pas de (disputer). Jacques parle même de (divorcer).

2. *le tourbillon* der Strudel (im Wasser)
6. *le somnifère* das Schlafmittel

Compléments de verbe constitués par un infinitif [▶ 6–12]

6 Infinitifs introduits par *à, de* ou Ø [cas divers]

Complétez.

Les transports en commun

Malgré une amélioration sensible des transports en commun, personne n'oserait ... affirmer de nos jours qu'ils soient satisfaisants. Il faut ... dire pour leur défense qu'ils ont longtemps été délaissés par les dirigeants politiques qui ont préféré ... soutenir l'industrie automobile, celle-ci leur apparaissant alors ... être plus rentable à moyen terme. On s'est mis ... investir des sommes considérables dans la production de véhicules individuels, mais on a par là-même négligé ... moderniser les transports en commun existants et on a surtout trop tardé ... mettre au point de nouveaux systèmes de transport. L'industrie automobile a su de son côté ... éveiller des besoins qu'elle s'est empressée ... satisfaire en produisant chaque année de nouveaux modèles. Elle a alors réussi ... s'imposer comme un des fleurons de l'industrie française jusqu'à ce que la crise, que personne ne sentait apparemment ... venir, arrive.
Le développement du parc automobile a eu cependant entre autres pour conséquence de rendre la circulation en ville très difficile voire impossible aux heures de pointe. Face à cette situation, les dirigeants politiques ont été amenés ... prendre des mesures visant ... améliorer les transports en commun. En région parisienne par exemple, le développement du R.E.R., le prolongement de certaines lignes de métro vers la banlieue et la création de couloirs pour les autobus ont contribué partiellement ... éviter une asphyxie totale de la capitale. Mais on n'a pas osé ... prendre des mesures plus énergiques qui auraient peut-être décidé les Parisiens et les banlieusards ... les faire renoncer ... utiliser leur voiture. En province, de nombreuses municipalités ont cherché ... chasser la voiture du centre des villes. Elles se sont efforcées ... créer des zones piétonnes tout en essayant ... améliorer les réseaux de transports en commun existants. Mais on ne peut ... s'empêcher ... ne voir là qu'une solution partielle au problème posé par la circulation urbaine.
La S.N.C.F., de son côté, est cependant parvenue en dix ans ... faire ... progresser de près de 50% l'ensemble de son trafic voyageurs. Ses dirigeants n'ont pas hésité ... prendre des

mesures énergiques. Ils ont entrepris par exemple ... moderniser le matériel roulant. Le succès du T.G.V. les invite d'ailleurs ... continuer ... poursuivre cette politique. Mais il reste beaucoup ... faire notamment en ce qui concerne les liaisons transversales. Ainsi un voyageur qui envisage ... se rendre de Bordeaux à Besançon doit se résoudre ... passer par Paris s'il ne veut pas ... perdre trop de temps.

les transports (m.) en commun die öffentlichen Verkehrsmittel
délaisser vernachlässigen
à moyen terme mittelfristig
le fleuron hier: das Prunkstück
le R.E.R. = le Réseau Express Régional (Regional-Schnellnetz der Pariser Verkehrsbetriebe)
l'asphyxie (f.) das Ersticken, hier: der Zusammenbruch des Verkehrs

7 **Infinitifs introduits par** *à, de* **ou** *Ø* [constructions synonymes]

Complétez le texte en mettant *à, de* ou *Ø* et les déterminants convenables.

Un après-midi de ski en classe de neige

Comme le groupe des débutants n'était pas autorisé ... (ne devait pas ...) emprunter la piste du «Linga», le moniteur de ski a accepté ... (a consenti ...) les accompagner dans une autre descente moins dangereuse. C'était la première fois que Pierre permettait ... enfants ... (autorisait ... enfants ...) emprunter cette piste. Quelques-uns cependant ont refusé ... (ont renoncé ...) faire cette descente et ont préféré ... (ont choisi ...) attendre le groupe au bar du téléphérique. Pierre a alors cherché ... (essayé ...) persuader les enfants ... (décider les enfants ...) ne pas abandonner. Il n'est pas arrivé ... (n'a pas pu ...) les faire changer d'avis. Avant de s'en aller, il a défendu ... enfants ... (n'a pas autorisé ... enfants ...) quitter le bar. Une fois le moniteur parti, un des enfants a tenté ... (essayé ...) convaincre ... autres ... (entraîner ... autres ...) rentrer au chalet. Tous ont dit qu'il valait mieux ... (était préférable ...) attendre le retour du groupe. Quand celui-ci est revenu, les enfants ont tout de suite voulu ... (ont demandé ...) savoir comment s'était déroulée la descente. L'un des skieurs leur a raconté ceci:
«Quand on a été en haut, il s'est mis ... (a commencé ...) neiger tellement fort que Pierre a même pensé ... (a même envisagé ...) redescendre avec le téléphérique. Mais comme nous tenions tous ... (désirions tous ...) redescendre en skis, nous avons réussi ... (sommes parvenus ...) le convaincre. Mais avant de partir, il a prié ... tout le groupe ... (a demandé ... tout le groupe ...) être très prudent. Au début tout s'est bien passé. Puis dans le grand virage, François, qui allait trop vite, a failli ... (a manqué ...) se blesser très gravement en tombant. Pierre a eu peur qu'il nous arrive quelque chose de grave et il nous a forcés ... (a obligés ...) le suivre l'un derrière l'autre. Il nous a surtout recommandé ... (a surtout conseillé ... / a surtout demandé ...) ne pas prendre de risques car la neige était très mauvaise ...»

8 **Infinitifs introduits par** *à, de* **ou** *Ø* [constructions synonymes]

Complétez.

Quelques impératifs de l'urbanisme

Vous qui songez ... (rêvez ... / pensez ...) construire un pavillon à la campagne, ne vous exposez pas ... (ne risquez pas ...) voir vos initiatives bloquées par l'administration. Il faut bien accepter ... (vous résigner ... / vous résoudre ...) subir quelques limitations de votre droit de propriété: les lois concernant l'urbanisme ne vous autorisent pas ... (ne vous permettent pas ... / ne vous laissent pas ...) construire n'importe quoi, n'importe où, dans n'importe quel style. On ne consentira ... (on ne voudra bien .../on n'acceptera ...) vous donner un permis de construire que si vos plans sont conformes aux normes et, pour ce qui est de l'emplacement, au plan d'occupation des sols (POS), s'il en existe un pour la commune où vous voulez ... (souhaitez ...) construire. Dans certains cas, les services municipaux essaient ... (se proposent ...) vous guider en vous conseillant ... (invitant ...) adopter tel ou tel modèle; c'est ainsi qu'ils peuvent vous inciter ... (engager ... / recommander ...) respecter le style de la région et par là-même vous amener ... (convaincre ...) tenir compte de la protection de l'environnement. Dans d'autres cas, des architectes spécialisés tâchent ... (cherchent ... / tentent ...) harmoniser leurs créations avec le patrimoine existant tout en s'efforçant ... (s'ingéniant ...) proposer aux gens des modèles financièrement accessibles et qui peuvent être reproduits. Si vous refusez ... (renoncez ...) suivre leurs conseils, vous vous risquez ... (vous vous exposez ...) dénaturer l'habitat, même si l'administration accepte ... (consent ...) vous laisser construire. On ne peut pas contraindre les gens ... (obliger les gens ...) construire du beau, mais on peut leur imposer ... (les forcer ...) ne rien construire de laid.

le plan d'occupation des sols der Bebauungsplan
le patrimoine existant hier etwa: die vorhandene Bausubstanz
l'habitat (m.) hier: das Stadt-/Landschaftsbild

▶ 9 Infinitifs introduits par *à* ou *de* selon la construction et le sens du verbe

Complétez le texte en mettant *à* ou *de* selon les cas.

Un exemple de politique commerciale

Notre entreprise a été forcée ... sortir, bien avant le moment prévu, le produit sur lequel nous travaillons depuis longtemps. C'est la concurrence dans notre secteur qui nous a forcés ... le faire. Quand la direction générale a décidé ... lancer ce nouveau produit sur le marché, on ne pouvait s'attendre ... rencontrer un succès rapide auprès du public. Comme d'autre part on ne pouvait attendre ... voir les réactions de la clientèle, la direction générale a bien dû se décider ... confier le lancement du produit à une agence de publicité. Celle-ci a demandé à l'entreprise ... investir beaucoup d'argent. La direction a cependant refusé ... engager de si fortes sommes en précisant que les résultats négatifs enregistrés il y a quelques années à l'occasion d'une campagne publicitaire semblable l'avaient alors décidée ... agir plus prudemment. Si, aujourd'hui, elle se refusait ... tout miser sur un seul produit, c'est que cette solution avait l'avantage de ne pas rendre l'entreprise vulnérable; il ne fallait pas se risquer ... renoncer à la politique de diversification des dépenses publicitaires.

Je n'arrive pas ... comprendre cette politique commerciale: en agissant ainsi nous risquons chaque fois ... être dépassés par un concurrent moins bien placé que nous sur le marché. Si la direction ne se résout pas ... changer sa politique de commercialisation, je vais demander ... être muté. Il m'arrive en effet de plus en plus souvent ... devoir défendre des décisions que moi je n'aurais jamais prises. Comme je supporte de plus en plus mal cette situation, j'ai résolu ... agir rapidement tant qu'il n'est pas encore trop tard.

le lancement (d'un produit) die Einführung (eines Produkts)
miser sur qc auf etw. setzen
muter qn jn versetzen

• 10 Préposition + nom en allemand vs. construction infinitive en français

Traduisez en rendant le groupe prépositionnel en italique par une construction infinitive en français.

Exemple:

Diese Bücher dienen ihm *zur Vorbereitung* auf das Examen. Ces livres lui servent *à préparer* l'examen.

1. Die Wirtschaftskrise zwingt viele Unternehmen *zum Abbau* von zahlreichen Arbeitsplätzen.
2. Die entlassenen Arbeiter rechnen nicht mit *einer Wiedereinstellung,* selbst wenn sich die wirtschaftliche Lage verbessert, denn die meisten Betriebe zögern nicht *mit der Durchführung* von Rationalisierungsmaßnahmen.
3. Sehr viele Arbeiter der von der Arbeitslosigkeit besonders betroffenen Industriezweige haben sich *zu einer Umschulung* entschlossen.
4. Die Maßnahmen der Regierung tragen kaum *zur Verringerung* der Arbeitslosenzahl bei.
5. Gewerkschaften und Unternehmer sind von der Regierung *zu einer gütlichen Regelung* eventueller Konflikte bei den nächsten Lohnverhandlungen aufgefordert worden.

1. Arbeitsplätze abbauen *supprimer des emplois*
2. jn wiedereinstellen *réembaucher/rembaucher, réemployer/remployer*
jn entlassen *licencier qn*
Maßnahmen durchführen *prendre/appliquer des mesures*
3. der Industriezweig *la branche industrielle*
sich umschulen lassen *se recycler*
5. die Gewerkschaft *le syndicat*
einen Konflikt gütlich regeln *régler un conflit à l'amiable*
die Lohnverhandlungen *les négociations (f.) salariales*

▶ 11 Propositions subordonnées et constructions infinitives

Utilisez les verbes *voir, entendre, savoir* pour **transformer** les subordonnées en italique en constructions infinitives.

> **Exemple:**
>
> Le gouvernement ne doute pas *que le projet de coopération économique avec l'U.R.S.S. se réalise dans un proche avenir.* →
> Le gouvernement ne doute pas *de voir le projet de coopération économique avec l'U.R.S.S. se réaliser dans un proche avenir.*

1. Quand ma voisine a appris que son fils avait trouvé du travail, elle s'est réjouie *qu'il soit enfin casé.*
2. Elle souhaitait depuis longtemps qu'il trouve un emploi plutôt *qu'il continue des études* qui ne l'intéressaient pas.
3. Elle aurait certes préféré qu'il reste dans la région plutôt *qu'il aille travailler à Paris.*
4. Quand il vient lui rendre visite, il se plaint chaque fois *que ses collègues de travail gagnent plus que lui* alors qu'il travaille autant qu'eux sinon plus.
5. Elle ne peut supporter *qu'il se plaigne* et fait tout son possible pour lui remonter le moral.
6. Elle craint souvent *qu'il ne dise* que son travail ne l'intéresse plus et qu'il souhaite recommencer des études.
7. Au cas où il démissionnerait, cela l'ennuierait *qu'il soit obligé* de repartir à zéro.
8. Bien sûr, ce qu'elle souhaiterait, c'est *qu'il lui dise un jour* qu'il est content de son travail.

7. *démissionner* (seine Arbeit) aufgeben

▶ 12 Propositions subordonnées et constructions infinitives

Traduisez en rendant les subordonnées en italique par des constructions infinitives.

1. – Die Kinder haben versprochen, daß *sie brav sein wollen.* Ich habe ihnen gesagt, *sie sollen anrufen,* falls etwas passiert.
   – Hast du daran gedacht, ihnen die Telefonnummer von Küppers zu geben?
   – Ich fürchte, *ich habe es vergessen.* Aber das ist nicht so schlimm. Sie werden sie im Telefonbuch finden.
   – Hoffentlich hast du sie daran erinnert, *daß sie auf keinen Fall aufmachen,* wenn es klingelt.
2. – Herr Schmitz wünscht Sie zu sprechen. Ich habe ihm gesagt, *daß er morgen wieder-*

kommen soll. Da er sich aber weigert fortzugehen und ich nicht wußte, *was ich tun sollte,* habe ich ihm versprochen, *daß ich Sie bitte,* ihn gleich zu empfangen.

– Ja gut, sagen Sie ihm, *er soll reinkommen.* Ich hoffe aber, *daß ich ihn schnell wieder loswerden kann.*

1. das Telefonbuch *l'annuaire (m.)/le bottin*
2. jn loswerden *se débarrasser de qn*

13 Révision

Traduisez.

1. Ursprünglich hatten wir vor, ans Meer zu fahren; nun haben wir uns entschlossen, dieses Jahr gar nicht zu verreisen. Unsere finanziellen Mittel erlauben es uns nicht, jedes Jahr in die Ferien zu fahren. Außerdem fahren wir nicht gern in der Hauptferienzeit. Da ziehen wir es vor, zu Hause zu bleiben, anstatt unser Geld in überfüllten Ferienorten auszugeben. Wir freuen uns schon darauf, Dinge zu tun, für die wir sonst keine Zeit haben. Und was mich angeht, so lese ich genauso gern einen Roman zu Hause auf dem Sofa wie an einem Mittelmeerstrand. Wenn man kleine Kinder hat, ist das natürlich ganz anders. Zuzusehen, wie sie am Strand spielen, ist allein schon ein Vergnügen.
2. Wir warteten schon seit einiger Zeit auf eine Nachricht von Peter. Heute hat er uns endlich angerufen, um sich dafür zu entschuldigen, daß er unseren letzten Brief nicht beantwortet hat. Außerdem hat er sich für unser Geburtstagsgeschenk bedankt und von seinen Sommerferien erzählt. Er sagte, er habe sie gar nicht richtig genießen können. Er habe versucht, sich mit dem schlechten Essen und dem mangelnden Komfort abzufinden, aber es sei ihm nicht gelungen. In den Ferien müsse man sich auf alles gefaßt machen; er jedenfalls denke nicht daran, noch einmal an denselben Ort zu fahren.
3. Manche Eltern beklagen sich über das Verhalten ihrer Kinder. Diese mißtrauen ihrerseits den guten Ratschlägen ihrer Eltern und halten deren Ansichten für altmodisch. Viele Schwierigkeiten könnten jedoch behoben werden, wenn die Eltern sich mehr mit ihren Kindern beschäftigten, sich mehr für deren Probleme interessierten, darüber nachdächten und mit ihnen darüber sprächen.

1. die Hauptferienzeit *la haute saison*
   überfüllte Ferienorte *des centres touristiques surpeuplés*
2. sich mit etw. abfinden *s'accommoder de qc*
3. eine Schwierigkeit beheben *résoudre une difficulté*

C

Phrase et texte

Chapitre 8
La phrase interrogative

Présentation générale

L'interrogation est parmi les formes de phrases du français celle qui présente les plus nombreuses variations.
On distingue généralement l'**interrogation totale**, qui porte sur l'ensemble de la phrase et appelle une réponse par *oui* ou par *non: Tu viens ce soir? Oui.*, et l'**interrogation partielle**, qui porte sur l'un des groupes nominaux ou prépositionnels qu'elle appelle comme réponse: *Tu viendras quand? Vers huit heures.*

On distingue également entre l'**interrogation directe**, qui apparaît dans une phrase indépendante: *Jean viendra ce soir?* et l'**interrogation indirecte**, qui est introduite par un verbe précisant la nature de la relation entre le fait présenté et son interrogation: *Je me demande si Jean viendra ce soir.*

Le système de l'interrogation directe est très complexe en français moderne. Les principaux types d'interrogation sont les suivants:

Interrogation totale		
		Interrogation marquée par
Pierre va quitter Paris?	→	**intonation**
C'est Pierre qui va quitter Paris?		
Est-ce que Pierre quittera Paris?	→	**est-ce que**
Quittera-t-il Paris?	→	**inversion simple**
Pierre quittera-t-il Paris?	→	**inversion complexe**
Pierre, il quittera Paris?	→	**segmentation + intonation**
Interrogation partielle		
Qui a fait cela?	→	**mot interrogatif en position de sujet**
Lequel des deux est votre frère?		
Tu attends qui? Tu penses à quoi?	→	**rejet du mot interrogatif**
Pierre arrivera quand?		
Quand est-ce que Pierre arrivera?	→	**mot interrogatif + est-ce que**
Comment va Pierre? Où est-il?	→	**mot interrogatif + inversion simple**
Avec qui est-il parti?		
Quand Pierre arrivera-t-il?	→	**mot interrogatif + inversion complexe**
Pourquoi Pierre n'est-il pas venu?		

Pourquoi il n'est pas venu? Comment tu le trouves?	→ **mot interrogatif + sujet + verbe**
Il arrivera quand, Pierre? Pierre, il est allé où?	→ **segmentation + rejet du mot interrogatif**

Les différents types de constructions interrogatives connaissent de nombreuses **restrictions** d'emploi. Celles-ci sont notamment

- o d'ordre **morphosyntaxique**

  C'est ainsi qu'il convient de signaler dans les interrogatives comportant un sujet non-pronominal entre autres les restrictions suivantes:

  a) **Interrogation portant sur le complément d'objet:**

Que fait Pierre? Mais non: *Que Pierre fait-il?	Inversion simple après **que**.
A quoi pense Pierre? A quoi Pierre pense-t-il?	Inversion simple **ou** inversion complexe après **préposition + quoi**

  b) **Interrogation portant sur le complément circonstanciel:**

Pourquoi Pierre n'est-il pas venu? Mais non: *Pourquoi n'est pas venu Pierre?	Inversion complexe après **pourquoi**.
Quand partira Pierre? Quand Pierre partira-t-il?	Inversion simple **ou** inversion complexe après **quand, comment, où, combien**

- o d'ordre **pragmatique** et **stylistique**

Pourquoi votre collègue n'a-t-il pas assisté à cette réunion? A-t-il eu un empêchement?	**registre soutenu** et **formel**
Pourquoi il n'est pas venu hier, ton ami? Il a eu un empêchement?	**registre familier**

Les exercices suivants portent sur les particularités morphosyntaxiques des constructions interrogatives du français ▶ 1–2 ainsi que sur l'emploi des différentes formes interrogatives en fonction des situations d'énonciation ▶ 3–5.

Pour l'interrogation indirecte voir chap. 15, ▶ 2 et 3.

H GE chap. 14; GhF chap. 3, 57; chap. 6, 129–130; chap. 11, 272–285

▶ 1 Interrogations partielles portant sur le sujet et sur les compléments directs et indirects

Indiquez lesquelles des constructions interrogatives, qui sont censées porter sur l'élément en italique, sont formées correctement. Précisez le niveau de style des différentes constructions.

1. *Le film qui est passé à la télé hier soir*, ne nous a pas plu.
   a) Qu'est-ce qui ne vous a pas plu?
   b) Qu'est-ce que ne vous a pas plu?
   c) Qui est-ce que ne vous a pas plu?
2. Le dernier feuilleton a bien amusé *Jean-Pierre.*
   a) Qui le feuilleton a-t-il amusé?
   b) Qui a amusé le feuilleton?
   c) Qui est-ce que le feuilleton a amusé?
   d) Qui le feuilleton a amusé?
   e) Le feuilleton a amusé qui?
3. Jean-Pierre a raconté *une histoire intéressante.*
   a) Que Jean-Pierre a-t-il raconté?
   b) Qu'a raconté Jean-Pierre?
   c) Qu'est-ce qu'a raconté Jean-Pierre?
   d) Jean-Pierre a raconté quoi?
   e) Qu'a-t-il raconté?
   f) Quoi il a raconté?
4. Jean-Pierre rêve *de ses vacances au bord de la mer.*
   a) De quoi rêve Jean-Pierre?
   b) De quoi Jean-Pierre rêve-t-il?
   c) Jean-Pierre rêve de quoi?
   d) De quoi Jean-Pierre rêve?
5. Jean-Pierre pense *à son amie Janine.*
   a) A qui pense Jean-Pierre?
   b) A qui Jean-Pierre pense-t-il?
   c) Jean-Pierre pense à qui?
   d) A qui Jean-Pierre pense?
6. Jean-Pierre écrit une lettre *à Janine.*
   a) A qui Jean-Pierre écrit-il une lettre?
   b) A qui écrit Jean-Pierre une lettre?
   c) A qui Jean-Pierre écrit une lettre?
   d) Jean-Pierre écrit une lettre à qui?

2. *le feuilleton* die Fernsehserie

2 Interrogations partielles portant sur les compléments circonstanciels

Indiquez lesquelles des constructions interrogatives, qui sont censées porter sur l'élément en italique, sont formées correctement. Précisez le niveau de style des différentes constructions.

1. Mon frère habite *dans la banlieue parisienne.*
   a) Où habite votre frère?
   b) Votre frère habite où?
   c) Où votre frère habite-t-il?
   d) Où votre frère habite?
   e) Où il habite?
2. Janine a laissé les clefs *dans la voiture.*
   a) Où Janine a-t-elle laissé les clefs?
   b) Où a laissé Janine les clefs?
   c) Où Janine a laissé les clefs?
   d) Les clefs, elle les a laissées où, Janine?
3. Nos amis arrivent *samedi dans l'après-midi.*
   a) Quand arrivent vos amis?
   b) Quand vos amis arrivent-ils?
   c) Quand vos amis arrivent?
   d) Quand ils arrivent?
   e) Vos amis arrivent quand?
4. Nos amis ont acheté une maison en Auvergne, *l'année dernière.*
   a) Quand vos amis ont-ils acheté une maison en Auvergne?
   b) Quand ont acheté vos amis une maison en Auvergne?
   c) La maison en Auvergne, ils l'ont achetée quand, vos amis?
5. Nos amis sont partis *parce qu'ils avaient un rendez-vous.*
   a) Pourquoi sont partis vos amis?
   b) Pourquoi vos amis sont-ils partis?
   c) Pourquoi vos amis sont partis?
   d) Vos amis sont partis pourquoi?

3 Formes d'interrogation et situations d'énonciation

Employez le type d'interrogation correspondant aux différentes situations.

1. Vous êtes dans le train, vous n'avez rien à lire et vous décidez d'engager la conversation avec la personne se trouvant près de vous. Vous lui demandez
   o l'heure

- o l'heure d'arrivée du train
- o si ce train est un express
- o si elle ne trouve pas qu'il s'arrête souvent
- o où elle va
- o pourquoi il y a tant de monde dans le train
- o ce qu'elle pense des grèves à la S.N.C.F.

2. Vous rencontrez un ami que vous avez perdu de vue. Vous lui demandez
   - o s'il est toujours dans les assurances
   - o si son travail lui plaît toujours
   - o ce qu'il fait maintenant
   - o comment va sa femme
   - o depuis quand il est divorcé
   - o où il habite en ce moment
   - o pourquoi il n'a pas pris un appartement plus près de son lieu de travail
3. Un journaliste interviewe le ministre des Affaires étrangères. Il lui demande
   - o de lui expliquer les dessous de cette affaire
   - o si l'incident diplomatique ne risque pas de jeter un froid dans les relations franco-soviétiques
   - o les raisons de l'annulation de son voyage en U.R.S.S.
   - o si la politique de la France vis-à-vis de ses partenaires européens a changé
   - o la date de la prochaine réunion des ministres des Affaires étrangères
   - o dans quels pays il compte se rendre prochainement
   - o ce qu'il pense de la situation au Proche-Orient

▶ 4 Formes d'interrogation et situations d'énonciation

Traduisez les formes interrogatives en donnant du texte suivant une version appartenant à un registre soutenu.

Fragebogen

A.

1. Ist die Ehe für Sie noch ein Problem?
2. Wann überzeugt Sie die Ehe mehr: wenn Sie diese bei andern sehen oder in Ihrem eignen Fall?
3. Was haben Sie andern öfter geraten:
   a. daß sie sich trennen?
   b. daß sie sich nicht trennen?
4. Welche Probleme löst die gute Ehe?

5. Wie lange leben Sie durchschnittlich mit einem Partner zusammen?
6. Wie erklären Sie es sich, daß Sie bei sich selbst oder beim Partner nach einer Schuld suchen, wenn Sie an Trennung denken?
7. Hätten Sie von sich aus die Ehe erfunden?
8. Was hat Sie zum Eheversprechen bewogen?
9. Was pflegen Sie zu sagen, wenn es in Ihrem Freundeskreis wieder zu einer Scheidung kommt, und warum haben Sie's bisher den Beteiligten verschwiegen?
10. Wenn Ihre derzeitige Ehe als glücklich zu bezeichnen ist: worauf führen Sie das zurück?
11. Meinen Sie erraten zu können, wie Ihr derzeitiger Partner diesen Fragebogen beantwortet? und wenn nicht:
12. Möchten Sie seine Antworten wissen?

(D'après Max Frisch: Tagebuch 1966–1971. Frankfurt a. M.: Suhrkamp 1974, 58–62)

B.

1. Können Sie sich erinnern, seit welchem Lebensjahr es Ihnen selbstverständlich ist, daß Ihnen etwas gehört, beziehungsweise nicht gehört?
2. Wem gehört Ihres Erachtens beispielsweise die Luft?
3. Was empfinden Sie als Eigentum:
   a. was Sie gekauft haben?
   b. was Sie erben?
   c. was Sie gemacht haben?
4. Auch wenn Sie den betreffenden Gegenstand (Kugelschreiber, Schirm, Armbanduhr usw.) ohne weiteres ersetzen können: empört Sie der Diebstahl als solcher?
5. Empfinden Sie das Geld schon als Eigentum oder müssen Sie sich dafür etwas kaufen, um sich als Eigentümer zu empfinden?
6. Wissen Sie, was Sie brauchen?
7. Gesetzt den Fall, Sie haben ein Grundstück gekauft: wielange dauert es, bis Sie die Bäume auf diesem Grundstück als Eigentum empfinden?
8. Wenn Sie auf der Straße stehenbleiben, um einem Bettler etwas auszuhändigen: warum machen Sie's immer so schnell und so unauffällig wie möglich?
9. Wie stellen Sie sich Armut vor?
10. Kennen Sie ein freies Land, wo die Reichen nicht in der Minderheit sind, und wie erklären Sie es sich, daß die Mehrheit in solchen Ländern glaubt, sie sei an der Macht?
11. Warum schenken Sie gerne?
12. Wogegen sind Sie nicht versichert? *(id., 403–405)*

der Fragebogen *le questionnaire*

A.

6. die Schuld *la faute*
   die Trennung *la séparation*
8. das Eheversprechen *la promesse de mariage*
9. jm. etw. verschweigen *ne pas parler de qc à qn/cacher qc à qn*
10. etw. zurückführen auf *attribuer qc à*
11. etw. erraten *deviner qc*

B.
3. empfinden *ici: juger/considérer*
das Eigentum *la propriété*
4. jn empören *indigner qn*
7. das Grundstück *le terrain*

▶ 5 Formes d'interrogation et situations d'énonciation

Traduisez les formes interrogatives en donnant du texte une version appartenant à un registre *familier*.

a) Jean Pierre rentre tard à la maison où il est attendu par son père qui lui pose les questions suivantes:

1. Wo kommst du so spät her?
2. Mit wem bist du weggewesen?
3. Habe ich dir nicht gesagt, daß heute abend deine Tante kommen wollte?
4. Seit wann bist du unterwegs?
5. Wie oft muß ich dir eigentlich noch sagen, daß du anrufen sollst, wenn du später kommst?
6. Warum hast du das nicht getan?
7. Wie sollen wir sonst wissen, wo du bist?
8. Hast du überhaupt schon deine Hausaufgaben gemacht?

b) Le commissaire Froussard interroge un jeune voyou pris en flagrant délit:

1. Wie heißt du? Wo wohnst du?
2. Wie alt bist du?
3. Hast du deinen Ausweis bei dir?
4. Warum hast du den Wagen gestohlen?
5. Waren noch andere dabei?
6. Sag schon, wie heißen die anderen, die bei dir waren.
7. Was habt ihr mit dem Wagen vorgehabt?
8. Waren Wertsachen drin?

b) 8. die Wertsachen *les objets de valeur*

Chapitre 9
La phrase passive

Présentation générale

1. Le passif est une **forme de phrase** qui se définit par opposition à l'actif. La phrase passive se distingue de la phrase active par trois modifications:
   - o interversion du sujet et du complément d'objet;
   - o conjugaison du verbe avec l'auxiliaire *être*;
   - o présence de la préposition *par* ou *de* devant ce qui devient le complément, dit complément d'agent. Exemple:

Le tribunal	**a** condamné	**l'accusé.**
L'accusé	**a été** condamné **par**	**le tribunal.**

   Selon la présence ou l'absence du complément d'agent, on distingue entre **phrase passive achevée** *(L'accusé a été condamné par le tribunal)* et **phrase passive non-achevée** *(L'accusé a été condamné)*. C'est cette dernière qui est de loin la plus courante.

2. D'un point de vue **contrastif**, il faut signaler les problèmes suivants:
   - o Le français ne connaît pas comme l'allemand la distinction morphologique entre **passif-état** (sein-Passiv) et **passif-action** (werden-Passiv). Quand le complément d'agent est supprimé, le passif peut être confondu avec un état. Comparez:

Les billets **sont vendus.**	... **sind** verkauft.
Les billets **sont vendus** au prix de 10 F.	... **werden** ... verkauft.

     La construction passive avec **être** + participe passé ne peut donc être utilisée pour rendre le passif allemand formé avec **werden** que
     - si l'agent est indiqué,
     - si la forme ou la sémantique du verbe ou le contexte signalent qu'il s'agit d'une action plutôt que d'un état.
   - o En français la phrase passive introduite par un **il** impersonnel est beaucoup moins fréquente que ne l'est la phrase passive avec un **es** impersonnel en allemand *(Es wird gelacht. Es wird dir geholfen.)*. Des phrases du type *Il a été dit que ..., Il a été constaté que ...* sont limitées à quelques verbes transitifs directs ainsi qu'à des emplois dans le français administratif: *Il a été procédé à une vérification d'identité.*

Les phrases passives allemandes sans sujet mais comportant un complément indirect ou prépositionnel du type *Dir wird von ihm geholfen.*, *Für Arbeit wird gesorgt.*, ne peuvent être rendues en francais par **être** + participe passé, à moins que la valence du verbe français admette cette construction:

Ihm wurde von seinem Bruder geholfen.	**Il a été aidé** par son frère.
Mais:	
Ihm wurde vorgeworfen ...	**On lui a reproché** ... / **Il s'est vu reprocher** ...

3. Les **usages** essentiels du passif se situent au niveau du **texte**. Le passif, bien que formellement plus lourd que l'actif, se prête à des emplois textuels que ne connaît pas l'actif. Le passif permet au locuteur de

   o **ne pas exprimer l'identité du responsable du procès**, grâce à la possibilité de supprimer le complément d'agent (et ceci par un souci d'économie, par délicatesse ou par ignorance):
   Les mesures du gouvernement ont été sévèrement critiquées.
   L'accusé a été condamné à cinq ans de prison.

   o **faire porter l'attention sur l'information qui paraît essentielle** au locuteur:
   L'incendie a été provoqué *par la négligence de quelques touristes* (et non pas *par une action volontaire)*.

   o faciliter la **cohérence textuelle:**
   Après la catastrophe de T., en Italie du Nord, *le nombre des morts,* établi dimanche soir, s'élevait à deux cent quatorze. *Les victimes* devaient être inhumées, ce lundi en fin d'après-midi, et regroupées par famille.
   Le passif permet, en l'occurrence, d'enchaîner en mettant en position de sujet une information déjà donnée dans la phrase précédente *(le nombre des morts → les victimes)*.

   o faciliter les **raccourcis** et les **ellipses**, très appréciés p. ex. dans le style journalistique:
   Le discours, *jugé dur,* du Premier ministre britannique a été très applaudi par les milieux industriels.
   Cette phrase peut être expliquée comme étant dérivée de
   Le discours (...) a été très applaudi (...). *On a jugé le discours dur.* → Le discours *qui a été jugé dur* (...). → Le discours *jugé dur* (...)

4. Les exercices suivants portent sur la formation du passif avec **être** + participe passé ▶ 1, sur le choix de la préposition devant le complément d'agent ▶ 2–3, sur la concurrence entre le passif et la construction **on** + verbe à la forme active, sur la concurrence entre le passif à proprement parler et d'autres formes passives telles que la construction

pronominale et les constructions **se faire, se voir** + inf. ▶ 4–6 ainsi que sur quelques fonctions textuelles du passif ▶ 7–9.

H GE chap. 10; GhF chap. 13

---

1 Formes du passif

Mettez les verbes entre parenthèses **au temps et au mode du passif** demandés par le contexte.

La rage ceinture Paris

La rage est aux portes de Paris: un dernier fait divers vient de le confirmer. Une femme d'une cinquantaine d'années vient de (placer) sous traitement curatif à l'Institut Pasteur après (mordre) voici quelques jours par son chat à Argenteuil (Val-d'Oise). L'animal est mort le lendemain. Les analyses ont été formelles: il avait la rage. Trois autres personnes qui se trouvaient dans l'appartement (placer) également en observation.
Selon l'Institut Pasteur, la maladie progresse. Trente et un départements (déclarer) actuellement (infester) par la rage. La zone (infester) peut (matérialiser) par le nord-est d'une ligne qui partirait de l'Oise jusqu'à la Haute-Savoie.
L'année dernière, l'est du Val-d'Oise (atteindre) déjà sérieusement et depuis les cas se multiplient. Récemment plusieurs bêtes enragées (abattre) à moins de trois kilomètres du bois de Vincennes. L'Institut Pasteur redoute que l'Essonne, jusque-là (épargner), (atteindre) également dans les semaines qui viennent. Il suffirait d'un déplacement de renards. Certains départements du nord de la France, par contre (protéger) encore. Le Pas-de-Calais et le Nord ne (toucher) jamais par la rage. «On ne s'explique pas pourquoi, explique le professeur P. Suraut, chef du centre antirabique de l'Institut Pasteur. La seule solution est de prendre le maximum de précautions. Tous les chiens et les chats doivent (vacciner) même dans les départements qui ne (atteindre) pas. Ne laissez pas divaguer vos animaux.» Il faut savoir ainsi que tout chat ou tout chien (capturer) et non vacciné (abattre) systématiquement. Pour inciter à la vaccination des chiens et des chats, le Conseil général de l'Oise a émis le vœu que la taxe sur la valeur ajoutée s'appliquant au vaccin (supprimer) ou en tout cas (réduire). D'autre part une prime à l'abattage de renards (instituer) également dans les mois à venir.

(D'après Le Figaro du 4 février 1986)

la rage die Tollwut
ceinturer qc hier: sich um ... herum ausbreiten
infester qc befallen, heimsuchen
protéger *ici: épargner*
le centre antirabique die Tollwutbekämpfungsstelle
vacciner qn jn impfen

divaguer frei umherlaufen (von Tieren)
inciter à la vaccination einen Anreiz zur Impfung geben

la taxe sur la valeur ajoutée (T.V.A.) die Mehrwertsteuer

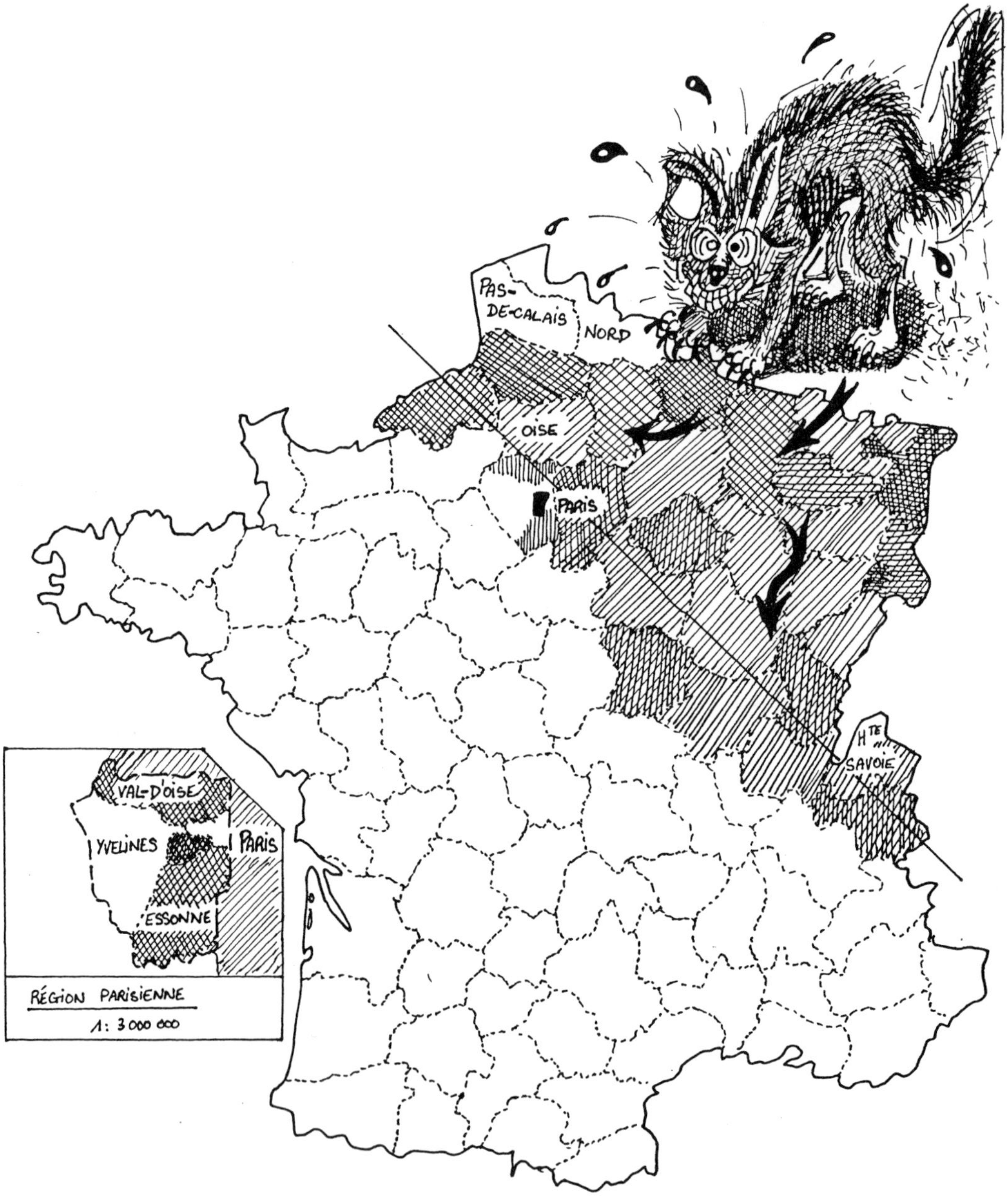

◆ 2 *Par* ou *de* devant le complément d'agent de la phrase passive

Complétez les phrases en mettant la préposition convenable et, le cas échéant, l'article.

1. M. Delattre est un spécialiste estimé ... ses collègues et connu ... tout le monde.
2. La valeur des tableaux volés est estimée ... un expert à plusieurs millions de francs.
3. Ce bourgogne est apprécié ... amateurs de vin.
4. L'importance des dégâts sera appréciée ... un expert.
5. Les risques d'accidents seront entièrement couverts ... l'assurance.
6. Le ministre a été couvert ... éloges après son intervention courageuse.
7. La route était couverte ... une épaisse couche de neige.
8. Les traces de roues près de la porte d'entrée ont été recouvertes ... neige tombée pendant la nuit.
9. La projection du film sera suivie ... un débat.
10. Le mot d'ordre de grève a été suivi ... la majorité des enseignants.
11. Dans le rétroviseur, les gangsters se rendirent compte qu'ils étaient suivis ... une voiture de police.
12. Les auteurs du hold-up ont été vus ... plusieurs personnes en sortant de la banque.
13. Les gangsters avaient réussi à entrer dans la banque sans être vus ... personne.
14. L'actrice était attendue à la sortie du théâtre ... une foule d'admirateurs.
15. Le résultat des élections était attendu avec impatience ... tous les spécialistes.
16. Les rues du quartier sont le plus souvent encombrées ... voitures.
17. La chaussée était encombrée ... voitures garées en double file.
18. Sa maison est entourée ... un joli parc.
19. La capitale du pays était entourée de tous les côtés ... l'armée ennemie.
20. M. Doucet adore sa femme et il est adoré ... elle.
21. Les rois de Perse étaient adorés ... leurs sujets.
22. Henri IV fut un roi très aimé ... ses sujets.
23. Elle a été aimée dans sa vie ... deux hommes.
24. Il paraissait surpris ... notre réaction.
25. Les cambrioleurs ont été surpris ... un gardien de nuit.
26. C'est affreux, leur petit garçon s'est fait écraser ... un camion.
27. Notre équipe a été littéralement écrasée ... l'adversaire.
28. Je ne peux rien vous promettre parce que je suis en ce moment écrasé ... travail.

10. *le mot d'ordre de grève* der Streikaufruf

▶ 3 *Par* ou *de* devant le complément d'agent de la phrase passive

Mettez les verbes entre parenthèses **à la forme et au temps demandés** par le contexte et **employez** la préposition qui convient en la combinant le cas échéant avec l'article qui suit.

Tornade dans le Calvados

Une tornade s'est abattue mardi soir sur le petit village de Magny-le-Freule dans le Calvados. Très vite, les secours se sont organisés. Pompiers et gendarmes, (accompagner ...) des volontaires, se sont rapidement rendus sur les lieux.
Dans un couloir d'un kilomètre et demi de long et cinquante mètres de large, tout (ravager ...) le passage de la trombe de vent. Hier matin, ce petit village, qui (déclarer) rapidement commune sinistrée (...) la préfecture, offrait le visage de la désolation: une dizaine de maisons (décoiffer ...) le vent, garages éventrés, véhicules (écraser ...) des murs abattus. Tous les champs des environs (recouvrir ...) des objets hétéroclites, la route, autrefois (border ...) des magnifiques arbres, (encombrer ...) des troncs ou des poteaux (arracher ou briser ...) la tornade. De nombreux habitants ont déclaré avoir (surprendre ...) la soudaineté avec laquelle était arrivée la colonne de vent. Tous (impressionner ...) le bruit d'enfer accompagnant celle-ci.

(D'après Ouest-France du 17 mars 1986)

la trombe de vent die Windhose
la commune (région etc.) sinistrée das Katastrophengebiet
éventré, ée halb niedergerissen
hétéroclite verschiedenartig
le tronc der Baumstamm

▶ 4 Passif vs. *on* suivi d'un verbe à la forme active

Traduisez en employant le passif chaque fois que c'est possible.

1. Diese Geschichte wird häufig erzählt.
2. Diese Geschichte wird häufig von Leuten erzählt, die nichts davon verstehen.
3. Die Einbrecher werden von der Polizei gesucht.
4. In unserem Betrieb werden zur Zeit Facharbeiter gesucht.
5. Lederjacken sind im Augenblick sehr gefragt.
6. Lederjacken werden vor allem von Jugendlichen verlangt.
7. Haben Sie Herrn Müller gesehen? Er wird am Telefon verlangt.
8. Spanisch wird in ganz Südamerika, mit Ausnahme von Brasilien, gesprochen.
9. Hier wird Spanisch gesprochen.
10. Die Romane der Naturalisten des 19. Jahrhunderts werden noch heute mit großem Interesse gelesen.
11. Viele Pädagogen beklagen sich darüber, daß heute zu wenig gelesen wird.

12. Viele Autoren, die jetzt in Mode sind, werden schnell wieder vergessen sein.
13. Der Bundeskanzler wird heute nachmittag in Paris erwartet.
14. Es wird erwartet, daß er am Flughafen von dem Premierminister empfangen wird.
15. Wenn Sie die Fahrt mitmachen wollen, wird von Ihnen erwartet, daß Sie sich in die Gruppe einordnen.
16. Während des letzten Krieges wurde unsere Stadt fast völlig zerstört. Die Altstadt ist in ihrer ursprünglichen Form wieder aufgebaut worden.
17. Es ist gestern abend viel geraucht und getrunken worden; die ganze Wohnung riecht nach Rauch und Alkohol.
18. Von deinen Freunden wird gesagt, daß sie ein unsolides Leben führen.
19. Der Regierung wird vorgeworfen, sie habe die wirtschaftliche Entwicklung nicht vorausgesehen.
20. Die Gewerkschaften haben zum Streik aufgerufen, aber dem Streikaufruf wurde nicht überall Folge geleistet.
21. Er hat die Übersetzung nicht allein gemacht, ihm wurde dabei von seinem Bruder geholfen.
22. – Warum sind Sie nicht mit ins Kino gekommen?
– Ich bin nicht gefragt worden.

4. der Facharbeiter *l'ouvrier qualifié*
15. sich in die Gruppe einordnen *s'intégrer au groupe*
20. die Gewerkschaft *le syndicat*
der Streikaufruf *le mot d'ordre de grève/l'ordre de grève*

5 *On* + verbe à la forme active vs. passif ou forme pronominale du verbe

Transformez les phrases suivantes en employant *être* + participe passé ou la forme pronominale chaque fois que c'est possible. **Ajoutez** ou **supprimez** des auxiliaires modaux, s'il y a lieu.

Exemple:
On doit manger cette soupe froide. → Cette soupe *se mange* froide.
Cette soupe *doit être mangée* froide.

1. Vous avez bu de la bière avec le poisson? Mais on ne fait pas ça!
2. On parle le français comme langue officielle dans un grand nombre d'Etats d'Afrique noire.
3. En français, on écrit le mot *ovale* avec un *e* à la fin.
4. Dans cette lettre, on a écrit le mot *agression* avec deux *g*.
5. On n'emploie plus guère le verbe *choir* dans le français actuel.
6. Dans cette phrase, on a employé le verbe *choir* avec une nuance ironique.
7. On trouve une librairie au coin de la rue.

8. On vend ce livre chez tous les dépositaires.
9. Ce roman est le livre qu'on a le plus vendu cette année.
10. On peut acheter ce produit dans toutes les pharmacies.
11. On peut fermer cette porte à clé.
12. On a fermé cette porte à clé.
13. Que vous ayez réagi de la sorte, on comprend ça facilement.
14. En traversant la rue, on doit tenir les enfants par la main.

▶ 6 *Se faire* + infinitif, *se voir* + infinitif

Traduisez en rendant les passifs et les constructions avec *lassen* par *se faire + inf.* ou *se voir + inf.* toutes les fois que c'est possible. Tenez compte en même temps de la distinction entre *se faire + inf.* et *se laisser + inf.*

1. Ein Autofahrer, der die Geschwindigkeitsbegrenzung überschritten hatte, wurde von der Polizei angehalten. Ihm wurde eine Geldstrafe auferlegt. Wenn man schon gegen die Straßenverkehrsordnung verstößt, sollte man sich nicht erwischen lassen.
2. In unserem Viertel ist in letzter Zeit allerhand los. Neulich wurde ein älterer Mann am hellichten Tag überfallen. Und letzte Nacht wurde unserer Nachbarin ihr gesamter Schmuck gestohlen.
3. Einem westdeutschen Politiker wurde vor einigen Jahren der Friedensnobelpreis verliehen. Damit wurden seine Verdienste um die Ost-Westbeziehungen gewürdigt.
4. Während des gesamten Rennens hatte Piefort geführt, aber in der letzten Runde wurde er von einem Mannschaftskameraden geschlagen. Sehr enttäuscht über seine Niederlage, hat er sich dazu hinreißen lassen, seine Konkurrenten zu beleidigen.
5. Janine Beaucor ist zur Miss Plage gewählt worden. Die Jury hat sich von ihrem Charme verführen lassen.
6. Dieser ehrgeizige Politiker hat sich zum Generalsekretär seiner Partei wählen lassen. Letztes Jahr war er bereits zum Schatzmeister ernannt worden.
7. Patrick hat zu seinem Geburtstag einen Schäferhund geschenkt bekommen. Jetzt will er sich eine Hundehütte bauen lassen.

1. die Geschwindigkeitsbegrenzung überschreiten *dépasser la limitation de vitesse*
   jm eine Geldstrafe auferlegen *infliger une amende à qn*
   gegen die Straßenverkehrsordnung verstoßen *ne pas respecter le code de la route*
2. ein älterer Mann *un homme d'un certain âge*
   jn überfallen *attaquer qn*
3. einen Preis verleihen *attribuer un prix*
   den Verdienst würdigen *rendre hommage aux mérites de qn/récompenser les efforts de qn*
4. der Mannschaftskamerad *le coéquipier/le camarade d'écurie*
   sich zu etw. hinreißen lassen *se laisser aller à faire qc*
5. jn verführen *séduire qn*
6. jn zum Schatzmeister ernennen *nommer qn trésorier*
7. die Hundehütte *la niche*

Fonctions textuelles du passif [▶ 7–9]

7 Transformation passive: cohérence textuelle

Dans les séries de phrases suivantes il s'agit de rétablir le texte original et d'assurer ainsi une meilleure cohérence textuelle.

> **Exemple:**
>
> Deux cortèges de manifestants se sont rendus au ministère de l'Education nationale. Les forces de police ont stoppé *le premier* au carrefour de la rue Bellechasse. →
> Deux cortèges de manifestants se sont rendus au ministère de l'Education nationale. *Le premier a été stoppé* au carrefour de la rue Bellechasse (par les forces de police).

Les mots en italique reprennent un thème déjà énoncé (en l'occurrence *deux cortèges de manifestants*). Cette reprise peut être assurée par la répétition textuelle du thème ou de façon plus indirecte.

Transformez dans l'exercice suivant les phrases actives en constructions passives, s'il y a lieu.

Nouvelles brèves

1. Plus de la moitié des ménages français (51,2% exactement) sont propriétaires de leur logement, selon une enquête de l'INSEE (l'Institut national de la statistique et des études économiques). On a réalisé cette enquête en octobre 1984 sur un échantillon représentatif de 38000 logements (Le Monde 26–8–1986).
2. Les incendies qui ont repris sur la Côte d'Azur atteignent les proportions d'une catastrophe sans précédent. Naturellement ces incendies sont d'origine criminelle: on a repéré plusieurs pyromanes, et l'on a arrêté l'un d'eux hier soir (Le Figaro 25–8–1986).
3. Le rapport de la commission dite des «sages» a proposé d'amender le projet d'ordonnance sur le découpage électoral. Le Journal officiel publiera ce rapport le mardi 26 août (Le Monde 26–8–1986).
4. La cargaison d'un chalutier polonais s'est décrochée dans la tempête au large d'Ouessant, lundi soir, obligeant l'équipage à quitter le navire. On a pu sauver les 31 personnes qui se trouvaient à bord (Savoir Antenne 2).
5. Hier encore, à 11 h 30, un voilier de quatre mètres s'est retourné face à la pointe Saint-Mathieu, dans le Finistère. Deux de ses occupants sont morts noyés. On a évacué par hélicoptère un troisième, grièvement blessé.
6. Après trois concerts à guichets fermés à Londres et trois autres donnés dans les mêmes conditions à Rotterdam, Prince est au Zénith ce lundi 25 août. Une semaine auparavant, on avait vendu les six mille tickets d'entrée en moins de trois heures (Le Monde 26–8–1986).

7. La police sud-africaine a arrêté un nouveau dirigeant anti-apartheid. Il s'agit de Th. K., le président de l'un des principaux syndicats du pays. Depuis le début de la semaine, on a incarcéré huit opposants au régime, en Afrique du Sud. On les a inculpés de haute trahison, une accusation qui est passible de la peine de mort (France Inter).
8. Comme ils l'avaient fait au mois de mai dernier, les parents d'élèves de l'Ouest, partisans de l'enseignement privé, ont installé une petite école en bois devant la gare Montparnasse à Paris et ce pour symboliser la défense de l'enseignement privé. Le comité du 4 novembre de Nantes, un comité de défense de l'école privée, a organisé cette manifestation (France Inter).

1. *l'échantillon (m) représentatif* die repräsentative Stichprobe
2. *le pyromane* der Pyromane/Brandstifter
3. *la commission des «sages»* „die Weisen"
   amender le projet d'ordonnance den Verordnungsentwurf abändern
4. *la cargaison* die Schiffsladung, die Fracht
   le chalutier der Trawler
7. *le syndicat* die Gewerkschaft
   incarcérer qn jn verhaften, jn inhaftieren
   inculper qn jn be-/anschuldigen
   qc est passible de la peine de mort auf etw. steht die Todesstrafe

8 Transformation relative et transformation passive: cohérence et raccourci du texte

Grâce à la combinaison de transformations relatives et passives on arrive à faire des phrases complexes permettant de condenser l'information et de raccourcir le texte.

Exemple:
Neuf tableaux (voler) à la galerie Urban, rue du Faubourg-Saint-Honoré, à Paris, le 27 octobre dernier, (retrouver) par les policiers de la brigade de répression du banditisme. →
Neuf tableaux (*qui avaient été) volés* à la galerie Urban, rue du Faubourg-Saint-Honoré, à Paris, le 27 october dernier, *ont été retrouvés* par les policiers de la brigade de répression du banditisme.

Remplacez dans les textes suivants les verbes et expressions entre parenthèses par les constructions convenables: verbe à l'actif ou au passif, relative au passif ou construction participiale (sans relatif ni auxiliaire).

1. Incendies sur la Côte d'Azur
   Les dramatiques incendies qui ont fait rage pendant tout le week-end ont créé un véritable état de choc sur la Côte d'Azur. Deux personnes (mourir) – un retraité (terrasser par une crise cardiaque) à Tanneron, dans le Var, et une sexagénaire (brûler vif) à Luceram, dans les Alpes-Maritimes – et 160 personnes (blesser) ou (intoxiquer), parmi lesquelles deux sapeurs-pompiers (gravement brûler) dont l'état inspire les plus vives

inquiétudes. Malgré les importants moyens de lutte terrestre et aérienne (engager), plus de 7000 hectares (détruire) dans le Var et les Alpes-Maritimes. Des milliers de personnes ont dû (évacuer) temporairement dans des campings, le centre hospitalier et quatre quartiers de Grasse.

La plupart des incendies (maîtriser) ou (contenir), lundi matin 25 août. Mais on redoutait dans la journée la réapparition du mistral (annoncer) par les services météorologiques.

(Le Monde 26–8–1986)

2. Après la sécheresse et les feux, la tempête ...

Les violentes tempêtes et les pluies torrentielles ont provoqué, ces dernières heures, d'importants ravages, tant en France qu'au Royaume-Uni et en Irlande.

En Grande-Bretagne, cinq personnes (porter disparu) à ce jour. Au nord du Pays de Galles, deux pêcheurs et un enfant de huit ans (ne pas retrouver). Un chercheur de soixante ans semble (périr) au sud de l'Ecosse dans sa Land Rover (emporter) par un ruisseau en crue. Et un sexagénaire (disparaître) à bord d'une barque sur la rivière Tess, au nord-est de l'Angleterre. Les autorités britanniques ont manifestement beaucoup de mal à fournir des informations exactes, en raison de communications (rendre difficile) par les dégâts multiples (causer) par la tempête.

En France, la tempête sévit aussi. Les caprices de la météo sont à l'origine de la disparition d'un jeune homme de vingt-trois ans, habitant la Bédoule (Bouches-du-Rhône). Celui-ci (se laisser emporter) par un torrent de boue qui (se former) à la suite de violents orages. Seule la voiture du jeune homme (pouvoir retrouver), bloquée dans la boue qui (envahir) la chaussée.

Ces terribles perturbations météorologiques auront, au moins, eu un effet bénéfique pour la Côte d'Azur, victime depuis plusieurs semaines de catastrophiques incendies. Jean-Pierre P., préfet des Alpes-Maritimes (décider) en effet la levée du plan Orsec (déclencher) dimanche dernier dans le département.

(Le Figaro 28–8–1986)

1. *être terrassé, ée par une crise cardiaque* einem Herzanfall erliegen
   intoxiquer qn jn vergiften
   le sapeur-pompier der Feuerwehrmann
2. *des pluies torrentielles* sintflutartige Regenfälle, Wolkenbrüche
   périr umkommen
   être en crue Hochwasser führen
   sévir wüten
   le caprice die Laune, die Launenhaftigkeit
   le plan Orsec etwa: Katastrophenhilfsplan (Abkürzung für *organisation des secours)*

▶ 9 Alternance de l'actif et du passif dans le texte

Mettez les infinitifs entre parenthèses **à la forme de l'actif ou du passif** demandée par le contexte.

Législation de 1981 à 1986

Cinq cent cinquante et une lois en moins de cinq ans. Voilà un bilan qui soutient la comparaison avec d'autres législatures et qui concerne par exemple les domaines suivants:

(1) Médias

Cette législature a révolutionné les ondes: ouverture de la bande F.M. aux radios privées, qui, après le rêve de radios purement associatives, (devenir) de véritables sociétés commerciales.

La création du réseau câblé (recevoir) aussi une base législative, avant que ne (autoriser) les télévisions privées. Ce développement de la communication audio-visuelle (rendre) indispensable l'actualisation de l'antique loi sur les droits d'auteur: un délicat arbitrage entre des intérêts contradictoires (mener à bien). Les écrivains aussi (profiter) – avec les libraires – du retour au prix unique du livre.

(2) Décentralisation

La décentralisation, cette révolution dans les mœurs administratives et politiques ne (pouvoir être) l'œuvre d'une seule loi. Après avoir confié la gestion des collectivités locales aux seuls élus, il (falloir régler) la répartition des compétences entre l'Etat, les communes, les départements et les régions.

La Corse et les départements d'outre-mer (doter) de statuts particuliers, celui de Saint-Pierre-et-Miquelon (adapter) mieux à sa situation, l'autonomie de la Polynésie française (accroître), sans parler de la Nouvelle-Calédonie ... Les lois électorales (modifier) toutes, à l'exception de celle des sénateurs, sauf pour ceux représentant les Français de l'étranger, qui (élire) désormais au suffrage universel direct, et de celle des conseillers généraux.

(3) Législation sociale

Tout le monde (bénéficier) maintenant d'une cinquième semaine de congés payés et de l'abaissement de l'horaire hebdomadaire normal de travail à 39 heures depuis les ordonnances de 1982. De même, depuis une loi de 1982, les salariés de la région parisienne (rembourser) par leurs entreprises de la moitié du coût de leur carte orange.

Les militants syndicaux (aller profiter) aussi d'une amélioration du vieux congé de formation syndicale, puisque dorénavant il (payer) par prélèvement sur les fonds de la formation professionnelle. Depuis 1982, le 8 mai (redevenir) un jour de congé payé. La possibilité de congé sabbatique (inscrire) aussi dans la loi. Les députés de gauche ne (oublier) pas les fonctionnaires. Leur statut général (réécrire) entièrement. Grande nouveauté, les agents des collectivités locales (soumettre) aux mêmes règles de base que ceux de l'Etat, et disposent eux aussi d'un statut; une adaptation de celui-ci (prévoir) aussi pour le personnel des hôpitaux.

(D'après Le Monde du 3 mars 1986)

1. *la bande F.M. (= modulation de fréquence)* UKW-Bereich
l'arbitrage (m). der Schiedsspruch, hier: die Entscheidung
le conseiller général Mitglied des Conseil général (Departementsvertretung)
2. *les mœurs (f.)* die Sitten, die Gewohnheiten
les collectivités (f.) locales die kommunalen Körperschaften
3. *la carte orange* etwa: die Monatskarte
dorénavant = désormais
l'ordonnance (f.) die gesetzliche Verordnung
le congé sabbatique etwa: der Bildungsurlaub

10 Révision

Traduisez en employant le passif chaque fois que c'est possible.

1. Ein Angestellter der Französischen Botschaft in Kampala ist Donnerstag abend in seiner Wohnung von einem Einbrecher erschossen worden. Er wurde von einer Kugel in den Bauch getroffen und verstarb auf der Stelle. Seine Frau und sein Sohn wurden nicht verletzt.
2. Der algerische Präsident ist gestern zu einem Staatsbesuch nach Moskau abgereist. Er wurde von seinem Außenminister begleitet.
3. Nach seiner Rückkehr aus dem Libanon wurde der Sonderbeauftragte der Regierung von den Journalisten mit Fragen überhäuft.
4. Carcassonne ist eine Stadt, die von Festungsmauern umgeben ist. Sie wurden von Viollet-le-Duc im 19. Jahrhundert restauriert.
5. Infolge eines Erdrutsches war die Straße mehrere Tage mit Schlamm und Felsbrocken bedeckt.
6. Bei ihrer Ankunft auf den Champs-Elysées wurden die Radrennfahrer begeistert empfangen.
7. Den Journalisten wurde der Zutritt zum Gerichtssaal verboten.
8. Als der Sohn unserer Nachbarn neulich von einem tollwütigen Hund gebissen wurde, ist er sofort ins Krankenhaus eingeliefert worden.
9. Es wird vermutet, daß die hohen Einkommen bald stärker besteuert werden.
10. Wenn du nicht den Radweg nimmst, kannst du leicht angefahren werden.
11. So, es wird jetzt nicht mehr diskutiert, sondern gearbeitet.
12. Es wird von Herrn M. gesagt, er schlage seine Kinder.
13. In diesem Text ist das Wort *agression* mit zwei *g* geschrieben, aber im Französischen wird es nur mit einem *g* geschrieben.
14. Der Wein aus Monbazillac wird vorzugsweise zum Dessert getrunken.

1. jn erschießen *tuer qn/abattre qn*
2. der Staatsbesuch *le voyage officiel/la visite officielle*
5. der Erdrutsch *le glissement de terrain*
der Schlamm *la boue*
der Felsbrocken *le rocher*
6. der Radrennfahrer *le coureur (cycliste)*
7. der Gerichtssaal *la salle d'audience*
8. tollwütig *enragé, ée*
9. die hohen Einkommen stark besteuern *imposer lourdement les gros/hauts revenus*
10. jn anfahren *renverser qn*

Chapitre 10
La proposition relative

Présentation générale

Les relatives sont des propositions qui sont subordonnées à l'aide d'un pronom relatif à un groupe nominal ou prépositionnel ou bien à un pronom. Exemple:

J'ai revu **votre ami français.** J'avais rencontré **votre ami français** en Auvergne.

que j'avais rencontré en Auvergne.

J'avais fait la connaissance **de votre ami** en Auvergne.

dont j'avais fait la connaissance en Auvergne.

Vous m'aviez présenté **à votre ami** en Auvergne.

à qui vous m'aviez présenté en Auvergne.

Dans la maison **de votre ami** nous avions passé nos vacances.

dans la maison **duquel/de qui** nous avions passé nos vacances.

Pour employer correctement les **pronoms relatifs**, il faut tenir compte

- o de la fonction du groupe (sujet, COD, COI, complément de groupe nominal, complément de groupe prépositionnel) auquel ils se substituent dans la proposition subordonnée;
- o de la nature de l'antécédent
  (L'homme *à qui/auquel* je pense vs. le livre *auquel* je pense vs. C'est quelque chose *à quoi* je pense);

- de la préposition qui précède le pronom relatif
  (Les gens *à qui/auxquels* j'ai présenté Bernard vs. le groupe de jeunes *parmi lesquels* se trouve Bernard).

Le **mode** dans la proposition relative varie selon les modalités de la principale:

Il nous **faut** un hôtel qui ne **soit** pas trop cher.	Finalité
Nous **avons trouvé** un hôtel qui **est** très bien.	Constatation
Il **n'**y a **personne** qui **soit** vraiment au courant.	Négation
Voilà enfin **quelqu'un** qui s'y **connaît**.	Affirmation

Les exercices portent sur les oppositions entre les différents pronoms relatifs mentionnés ci-dessus ▶ 1–3, ainsi que sur les problèmes que posent les suites du type *ce qui, ce dont, ce à quoi,* etc. ▶ 4–5. Le mode est étudié dans un exercice à part ▶ 6.

H GE chap. 13; GhF chap. 6, 131–139, chap. 15

▶ 1 *De qui* vs. *dont* vs. *duquel*

Formez une seule phrase en transformant la phrase de la colonne de droite en proposition relative. Les groupes en italique indiquent l'antécédent.

1. *Le dernier livre de Marguerite Duras* me plaît beaucoup.	Vous m'en avez parlé l'autre jour.
2. Chez Gallimard vient de paraître *un roman historique sur le Moyen Age.*	A propos de ce roman un critique a dit que c'était le meilleur livre de l'année.
3. Vous cherchez un livre sur le développement de l'intelligence chez l'enfant? J'ai vu l'autre jour *une publication fort intéressante en français.*	Malheureusement je ne me rappelle plus son titre.
4. Il existe d'ailleurs *plusieurs études récentes sur la question.*	La plupart de ces études sont évidemment écrites en anglais.
5. Vous trouverez dans ce village *un petit hôtel charmant.*	Les guides en vantent le calme et le confort.
6. L'hôtel en question se trouve dans *un grand parc boisé.*	Dans les allées du parc on peut faire d'agréables promenades.
7. Vous savez que les Michelet ont loué avec des amis un *voilier*?	A bord de ce voilier ils pensent faire une croisière en Méditerranée.

8. Les douaniers ont arrêté *deux individus suspects.*	Dans leur voiture ils avaient trouvé de la drogue.
9. Notre équipe nationale a obtenu aux championnats d'Europe *des résultats excellents.*	Tout le monde en est satisfait.
10. Cela compense *les échecs antérieurs.*	L'entraîneur national en était en partie responsable.

▶ 2 *Qui, que, dont, lequel, où*

Complétez par les éléments ci-dessus en tenant compte des modifications demandées par le contexte.

L'année 1985 aura été marquée par de nombreuses manifestations en hommage à Victor Hugo à l'occasion du centenaire de sa mort (22 mai 1885).

Victor Hugo est un écrivain
... Flaubert appelait déjà un «immense bonhomme» et au sujet ... on dit souvent qu'il reste encore en France un des écrivains les plus populaires et les plus lus. Notre-Dame de Paris et Les Misérables, ... les personnages sont connus dans le monde entier, ont été maintes fois adaptés à l'écran.

Victor Hugo est un écrivain
... mérite de figurer dans le «livre des records» pour avoir écrit 153837 vers dans ... le poète exprime ses préoccupations morales, politiques et littéraires mais ... la plupart sont inconnus du grand public.

Victor Hugo est un écrivain
... a écrit de nombreux drames en vers ... Cromwell et Hernani. Les jeunes romantiques parmi ... Vigny, Gautier et Nerval ont reconnu en Victor Hugo leur chef de file.

Victor Hugo est un écrivain
... certaines pièces de théâtre peu connues ont été rejouées à l'occasion du centenaire de sa mort. C'est le cas de Angelo, tyran de Padoue, mise en scène par J.-L. Barrault. L'héroïne est une comédienne ... préfère au tyran de Padoue son amant Rodolfo, ... la trahit pour une jeune Vénitienne ... il ignore qu'elle est l'épouse du tyran.

Victor Hugo est un écrivain
... s'engagea dans les luttes sociales et politiques de son siècle. Il fut élu à l'Assemblée puis au Sénat ... il plaida pour toutes les grandes campagnes humanitaires. Parmi les grands débats politiques ... il prit part activement, citons ceux en faveur de l'abolition de la peine de mort et de l'amnistie des communards.

Victor Hugo est un écrivain
en l'hommage ... la République organisa des funérailles nationales. Ces funérailles à

l'occasion … près de deux millions d'hommes et de femmes vinrent saluer le vieil homme, eurent lieu le 1er juin 1885.

maintes fois oft, häufig
l'héroïne (f.) die Hauptfigur
le communard Mitglied der Pariser Kommune von 1871
les funérailles nationales (f.) das Staatsbegräbnis

3 *Qui, que, dont, lequel, où*

Complétez par les éléments ci-dessus en tenant compte des modifications demandées par le contexte.

Les semaines suivant les élections législatives de mars 86 auront été marquées entre autres par la discussion à l'Assemblée nationale des droits des étrangers, pour l'intégration … Pierre Viannay, vice-président du Centre international de journalisme, s'engagera dans un article … sera publié dans le Monde du 24 juin 1986 et … voici un extrait:

«L'honneur de la France est en danger. La manière … le gouvernement propose de résoudre les problèmes posés par l'immigration risque de porter de graves atteintes aux valeurs fondamentales … la France prétend souscrire.

Les dispositions … viennent d'être arrêtées en conseil des ministres, malgré les atténuations … ont été apportées au projet initial du ministre de l'Intérieur et … vont être présentées au Parlement, sont triplement dangereuses: par l'état d'esprit … elles révèlent; par l'alliance de fait … elles risquent de susciter entre la droite démocratique et l'extrême droite; par les conséquences … elles entraîneront dans la pratique.

Le style des mesures proposées est xénophobe. L'étranger ne sera plus accueilli mais toléré. Il sera a priori suspect et ne bénéficiera plus des lois … protègent les citoyens français, à partir du moment …, pour une cause … seule l'administration sera juge et non plus la magistrature, il pourra être considéré comme indésirable.

La peur de l'étranger est mortelle pour l'âme d'une nation. La France ne serait plus la France sans la présence sur son sol de personnes venues d'ailleurs, … lui apportent non seulement leurs bras mais aussi leur ardeur du travail, leur intelligence et leur culture. Je voudrais que ceux … nous gouvernent, et en particulier Jacques Chirac, … je connais la piété filiale pour la Résistance, méditent ce simple fait: quand j'ai créé Défense de la France, ceux … m'ont aidé dès l'origine étaient pour moitié des étrangers ou des Français de «fraîche date». Eux avaient un idéal à défendre: l'idée … ils se faisaient de la France … ils avaient choisie, tandis que tant de bons petits Français natifs songeaient à leurs examens, à leur ravitaillement, à leurs vacances quand même et faisaient confiance à Vichy … les protégeait contre le devoir de l'honneur. (…)

Devant le Parlement, que se passera-t-il si, dans la majorité démocratique, plusieurs, ... je connais la justesse d'esprit et de cœur, votent contre le projet du gouvernement, ... celui-ci ne peut quand même pas faire échapper au débat? Ce projet sera-t-il alors ratifié en raison d'une alliance contre nature du pouvoir avec les ennemis de la liberté? (...)»

porter atteinte à qc etw. gefährden
l'atténuation (f.) die Entschärfung
xénophobe ausländerfeindlich
le ravitaillement die Versorgung

4 *Ce qui, ce que, ce dont, ce à quoi,* **préposition +** *quoi*

Complétez par les éléments demandés par le contexte.

1. Voilà les photos de notre séjour en Provence. Vous verrez, ... nous a fascinés surtout, ce sont le paysage et l'architecture. ... vous voyez là, c'est la fontaine de la Sorgue, un des sites les plus merveilleux du Vaucluse. ... nous a plu particulièrement, c'est Vaison-la-Romaine.
   Un ami de là-bas nous a fait visiter la ville. Il nous a montré ... il faut avoir vu et ... la ville a toutes les raisons d'être fière, mais aussi ... aucun guide ne fait allusion. ... vaut la peine d'être vu, ce sont aussi des sites tels que Baumes-de-Venise, Gordes ou Sénanque. De toute façon, il y a tant de choses à voir en Provence qu'il faut choisir ... vous intéresse le plus. ... est intéressant pour vous ne correspond pas forcément à ... parle tout le monde; c'est très subjectif.
2. La conférence internationale des Nations unies qui marque la fin de la Décennie de la femme a révélé
   ... on pouvait s'attendre, à savoir que la condition de la femme est bien différente dans les pays pauvres et dans les pays développés.
   ... on ne saurait accepter, à savoir que la balance mondiale de l'égalité entre les femmes et les hommes est déséquilibrée.
   ... il y a lieu de se réjouir, à savoir que dans certains pays, des lois ont depuis dix ans organisé l'égalité des hommes et des femmes.
   ...paraît tout à fait inadmissible, à savoir que l'injustice dont sont victimes les femmes continue d'être immense.
   ... on ne saurait trouver qu'absurde, à savoir que les femmes représentent 50% de la population mondiale et qu'elles possèdent moins de 1% des biens de la planète.
   ... on devrait s'opposer, à savoir à ce qu'une Européenne qui travaille dispose de moins de la moitié du temps libre de son mari.
3. Des milliers de personnes sont venues voir l'exposition, ... personne ne s'était attendu. ... les organisateurs n'avaient pas prévu non plus, c'est d'imprimer suffisamment de catalogues.
4. On nous avait promis de réparer la voiture pour aujourd'hui, ... n'a pas été fait. Nous comptions pourtant là-dessus.
5. M. Cognard bat sa femme et ses enfants. Vous n'imaginez pas ... il est capable. Je plains sa pauvre femme; ... elle aurait besoin, c'est d'un bon avocat.
6. Je me doutais de ... allait arriver. M. Chaumet se trouve sans emploi. Sa famille n'a plus ... vivre.
7. En principe nous acceptons ... vous proposez; seulement il y a là quelque chose ... nous ne sommes pas d'accord.

2. *la décennie* das Jahrzehnt

▶ 5 Traduction de l'allemand *was*, pronom relatif ou pronom interrogatif

Traduisez.

1. – Was hast du uns vorzuwerfen?
   – Was ich euch vorwerfe? Ihr wißt genau, was passiert ist ... Was euch allerdings nicht daran hindert, mir unangenehme Fragen zu stellen.
2. – Was hältst du von unserer neuen Kollegin?
   – Was ich gut finde, ist ihre Offenheit. Was mir weniger gefällt, ist ihre affektierte Ausdrucksweise.
3. – Was mich interessiert, ist, was wir tun sollen. Was schlägst du vor?
   – Was jeder in dieser Situation tun würde. Abwarten, was kommt.
4. Was Sie unbedingt beachten sollen, ist, daß Sie sich an die Geschwindigkeitsbegrenzung halten. Was allerdings nicht ausschließt, daß Sie in eine Polizeikontrolle geraten können.
5. – Was mich beunruhigt, ist, daß er noch nicht angerufen hat.
   – Wer weiß, was passiert ist.
   – Du hast recht. Wenn man überlegt, was einem alles zustoßen kann, dann hat man allen Grund, sich Sorgen zu machen.

2. die Offenheit *la franchise*
4. in eine Polizeikontrolle geraten *tomber sur un contrôle de police/être arrêté, ée par la police pour un contrôle*
5. jn beunruhigen *inquiéter qn*

▶ 6 Le mode dans la proposition relative

Mettez les verbes entre parenthèses **aux formes du subjonctif ou de l'indicatif** (y compris le conditionnel) demandées par le contexte.

Extrait de lettre

Le lendemain de notre arrivée à Saint-Paul-sur-Mer, je suis allé chez un libraire. Je lui ai demandé s'il pouvait m'indiquer un guide touristique qui me (permettre) de faire des excursions intéressantes dans l'arrière-pays. Il m'en a conseillé un qui à son avis (être) le meilleur que je (pouvoir) trouver. Il n'en connaissait aucun autre qui (décrire) avec autant de précision les différents circuits touristiques de la région. Pour lui c'était le seul qui (pouvoir) vraiment m'être utile. Après l'avoir acheté, je me suis rendu au syndicat d'initiative. J'ai demandé à l'employée si elle ne connaissait pas quelqu'un qui (pouvoir) m'apprendre à nager. Elle m'a répondu qu'elle connaissait un moniteur diplômé qui en très peu de temps (avoir) appris à nager à sa fille. Avant de me donner l'adresse de ce moniteur, elle a dû répondre au téléphone. J'ai compris qu'il s'agissait d'un étranger qui (chercher) à louer un studio avec vue sur la mer. L'employée lui en a proposé un qui (être) situé à la «Résidence du bord de mer», mais il l'a trouvé trop cher. Il n'y a rien d'étonnant d'ailleurs. Je connais en effet peu de résidences qui (être) aussi belles que celle-là. C'est la seule que l'on (avoir) construite dans le style régional. Elle lui en a proposé d'autres mais finalement il a raccroché sans avoir trouvé un seul studio qui lui (convenir). Moi par contre, je ne suis pas parti sans avoir obtenu l'adresse du moniteur qui (devoir) m'apprendre à nager.

7 Révision

Traduisez.

1. Die Informationen,
   - o die wir bekommen haben
   - o die aus gut unterrichteter Quelle stammen
   - o auf die Sie anspielen
   - o für deren Richtigkeit wir nicht garantieren können
   - o darunter einige von großer Wichtigkeit
   - o deren Veröffentlichung auf eine Indiskretion zurückzuführen ist
   - o gegen deren Veröffentlichung die betroffenen Personen protestiert haben
   - o unter denen sich Enthüllungen über das Privatleben führender Politiker befinden,

   sind immer noch nicht bestätigt worden.

2. Die neue Industriepolitik,
   - o die von der augenblicklichen Regierung vertreten wird
   - o die der Regierungschef angekündigt hat
   - o über deren Ziele sich die Regierungsmitglieder geeinigt haben
   - o der die Opposition ihre Zustimmung versagt
   - o deren Ziele Gegenstand heftiger Diskussionen im Parlament gewesen sind
   - o gegen die viele Umweltschützer demonstriert haben
   - o mit der die Mehrheit der Bevölkerung nicht einverstanden ist,

   wird wahrscheinlich in den nächsten Wochen Thema Nummer eins in den Zeitungen sein.

3. – Gibt es nichts, wofür sich Ihr Vater besonders interessiert? ... Wir suchen schon seit langem etwas, worüber er sich wirklich freuen würde, aber wir haben bisher nichts gefunden, was uns gefiel.
– Was er bald brauchen wird und was ihm sicher Freude bereiten würde, ist ein guter Reiseführer über Lothringen.
– Das ist wirklich etwas, woran wir nie gedacht hätten / eine Sache, an die wir nie gedacht hätten.

1. aus gut unterrichteter Quelle stammen *provenir de source bien informée*
die Richtigkeit *l'authenticité (f.)*
die Enthüllung *la révélation*
führende Politiker *des hommes politiques en vue/des dirigeants politiques*

2. eine Politik vertreten *poursuivre une politique*
Thema Nummer eins sein *être à la une (des journaux)*

Chapitre 11
Le mode dans la complétive

Présentation générale

Les modes employés dans la complétive sont l'indicatif ou le subjonctif, le conditionnel étant considéré comme faisant partie de l'indicatif.

1. Du point de vue **morphologique**, le subjonctif présente moins de formes temporelles distinctes que l'indicatif. L'usage oral ne connaît plus que le présent *(que je finisse)* et le passé *(que j'aie fini)*. L'imparfait et le plus-que-parfait ne se trouvent plus que dans l'usage écrit soutenu et presque exclusivement à la troisième personne *(qu'il finît, qu'il eût fini)*.

2. Du point de vue **sémantique**, on oppose souvent l'indicatif au subjonctif en précisant que celui-ci représente les procès «virtuels», «imaginés», alors que l'indicatif serait réservé à l'expression des procès «actuels», «réels».
   Ceci est pourtant loin d'être évident. Dans des phrases du type

   Je crois / J'ai l'impression / J'ai le sentiment / J'imagine] que Jean *va arriver* demain.

   l'arrivée de Jean est imaginée, mais l'indicatif est le mode obligatoire. Dans des phrases comme

   Je regrette / Je suis content qu'il *soit* arrivé.

   l'arrivée de Jean est en revanche réelle, mais l'emploi du subjonctif s'impose.

3. Dans une perspective **didactique**, il paraît préférable de considérer l'emploi du subjonctif et de l'indicatif comme déterminé par le contexte.
   En proposition complétive, les modes sont déclenchés, dans la plupart des cas, plus ou moins automatiquement
   - par un **élément lexical** de la proposition principale:

Je suis *étonné* C'est *étonnant* Cela *m'étonne*	qu'il *soit* venu.	Je *crois* Je *suppose*	qu'il *est* venu.

○ par la **forme de la proposition principale:**

Je *crois*	qu'il viendra.	Forme affirmative
Je *ne crois pas*	qu'il viendra/qu'il vienne.	Forme négative
Tu *crois*	qu'il viendra?	Formes interrogatives
Crois-tu	qu'il viendra?/qu'il vienne?	

4. Les exercices suivants portent sur différents problèmes de l'emploi du mode dans la complétive; l'emploi du subjonctif dans la relative et dans les circonstancielles est traité aux chapitres 10 et 12.

H GE chap. 6, 87–135; GhF chap. 15, 331, chap. 16

▶ 1 Verbes d'opinion, de déclaration, de doute à la forme affirmative et à la forme négative

Mettez les verbes entre parenthèses **aux formes du subjonctif ou de l'indicatif** (y compris le conditionnel) demandées par le contexte.

Problèmes du tourisme

1. On *pense* que les touristes (être) moins nombreux cette année. On *estime* en effet que la situation économique (être) trop mauvaise.
2. Le Syndicat d'initiative *espère* que les touristes (être) satisfaits du nouveau service des réservations hôtelières.
3. Malgré une certaine amélioration de la situation économique, les hôteliers *n'espèrent pas* qu'il y (avoir) beaucoup plus de monde cette année.
4. *Ne croyez-vous pas* que les touristes allemands (être) ceux qui dépensent le plus? … En tout cas, *j'imagine* que ce (être) ceux qui voyagent le plus.
5. Les hôteliers *n'ignorent pas* que la saison (avoir) été bonne pour eux, mais ils *nient* qu'elle (avoir) été excellente. Ils *ne doutent pas* que la saison (être) encore meilleure l'année prochaine. Cela *suppose* cependant que la situation économique (être) aussi bonne que cette année.

Sur la Côte

6. Je *me suis* bien *douté* que vous (être) à la plage parce que j'ai vu votre voiture au parking, mais je *ne croyais pas* que vous (être) arrivé si tôt.

7. La météo *dit* qu'il (faire) beau demain sur l'ensemble du pays, mais elle *ne précise pas* que ce (être) le cas à Nice depuis plusieurs semaines.
8. Je *ne dis pas* qu'acheter une planche à voile (être) absurde, mais je *ne trouve pas* que ce (être) une bonne idée quand on pense au nombre de fois que tu l'utiliseras.
9. Tout le monde *sait* bien que la baignade (être) interdite quand il y a le drapeau rouge, mais il y en a toujours quelques-uns qui *prétendent* qu'il n'y (avoir) aucun risque et qui, en se baignant quand-même, *ne se doutent pas* qu'ils (pouvoir) mettre en danger la vie des autres.
10. Je *ne savais pas* que Disquel (venir) chanter au Casino ce soir, j'*ignorais* même qu'il (être) en tournée sur les plages. J'*imagine* qu'il y (avoir) du monde.
11. Suite à la campagne menée par les associations de consommateurs, je *suppose* que le gouvernement (prendre) des mesures énergiques en vue de réduire la pollution des plages.

2. *le service des réservations hôtelières*
der Hotelvermittlungsdienst

2 Verbes d'opinion ou de déclaration avec changement de sens

Mettez les verbes entre parenthèses **aux formes du subjonctif ou de l'indicatif** (y compris le conditionnel) demandées par le contexte.

1. J'*ai dit* au garagiste que ma voiture (avoir) des ennuis de freins.
2. Je lui *ai dit* qu'il (faire) un essai sur route pour vérifier les freins et qu'il (falloir) nettoyer le carburateur.
3. *Ne disiez-vous pas* à l'instant que la municipalité (vouloir) racheter les terrains derrière le casino pour y construire une piscine?
4. J'*ai écrit* à l'agence qu'elle nous (faire) parvenir la note de gaz et d'électricité.
5. *Il faut écrire* à l'agence que les fauteuils de jardin (être) en très mauvais état.
6. *Téléphone* à l'agence que nous (arriver) déjà le 31 au soir.
7. *Téléphone* à l'hôtel qu'on (venir) nous chercher à la gare.
8. Le Commissariat général au Tourisme *suppose* que les difficultés de certains pays méditerranéens (être) susceptibles de provoquer un afflux de touristes en France.
9. *Supposez* qu'un orage (s'abattre) sur un des campings aux installations légères. Que deviendraient les campeurs?
10. Je *comprends* que tous ces gens étendus sur la plage pendant des heures (avoir) des coups de soleil.
11. Quand j'ai vu la voiture de Philippe devant la porte, j'*ai compris* qu'il (venir) dîner ce soir.
12. Je *comprends* très bien que vous (être) arrivés en retard avec tous ces embouteillages.

Je *ne comprends pas* pourquoi la municipalité ne (faire) rien pour améliorer la situation.

13. *Figurez-vous* un moment que vous ne (avoir) que quatre semaines de vacances. Que feriez-vous alors?
14. *Figurez-vous* qu'elle (s'acheter) un studio en Corse! Je me demande bien pourquoi. Elle ne part pratiquement jamais en vacances.
15. Je *suis d'avis* que la municipalité (devoir) faire un effort afin que la plage soit plus propre.
16. Pierre m'*a dit* tout à l'heure qu'il (arriver) vers trois heures. Je *suis d'avis* que nous l'(attendre).
17. J'*admets* que tu (avoir) raison. Jamais je n'aurais cru qu'il y ait autant de monde à la plage aujourd'hui.
18. Le patron de l'hôtel *n'admet pas* qu'on (prendre) le petit déjeuner après 10 heures.
19. *Admettons* qu'il (vouloir) aller à Biarritz. Tu irais avec lui?
20. *Admets* enfin que ce (être la plus belle plage de la côte. Je *ne comprends* vraiment *pas* que tu ne (vouloir) pas l'admettre.

2. *le carburateur* der Vergaser
8. *être susceptible de faire qc* geeignet sein etw. zu tun, können

un afflux de touristes ein Zustrom von Touristen

▶ 3 Verbes et expressions d'opinion, de doute et d'appréciation subjective

Traduisez.

Nach Tschernobyl

1. Die UdSSR hat offiziell zugegeben, daß in einem ihrer Atomkraftwerke ein Unfall passiert ist und daß es Opfer gegeben hat.
2. Es ist erstaunlich, daß die Regierungen in Ost und West die Tendenz haben, den bisher größten Reaktorunfall zu verharmlosen.
3. Die Oppositionsparteien mißbilligen, daß die Bevölkerung nur unvollständig informiert wurde.
4. Auch namhafte Wissenschaftler finden es skandalös, daß keine eindeutigen Angaben über das Ausmaß der Katastrophe gemacht wurden.
5. Die Experten räumen ein, daß in jedem Kraftwerk, selbst dem modernsten, eine Störung auftreten kann.
6. Aus Angst, die eigene Energiepolitik könne in Frage gestellt werden, bestreiten die Regierungen, daß die Kernenergie als solche gefährlich sei.

7. Man kann jedoch nicht leugnen, daß jedes Atomkraftwerk ein potentieller Katastrophenherd ist.
8. Die Bundesregierung vertritt die Meinung, daß ein Unfall wie der von Tschernobyl in Westeuropa nicht eintreten könne.
9. Viele Menschen verstehen allerdings nicht, daß die Regierung behaupten kann, für die Bevölkerung bestehe keine Gefahr. Zu viele Fragen bleiben offen.

10. Viele junge Mütter wollen nicht akzeptieren, daß ihre Kinder schon mit der Milch einer erhöhten Strahlendosis ausgesetzt sind. Sie zweifeln auch daran, daß selbst geringe Strahlenbelastungen bei Kindern unschädlich seien.
11. Viele junge Menschen fürchten, daß Spätschäden in einigen Jahren auftreten werden. Sie werfen den Verantwortlichen vor, daß die Interessen der kommenden Generationen nicht genügend beachtet werden.
12. Einige Wissenschaftler vertreten die Ansicht, daß die Diskussion zu emotional geführt werde. Sie finden, es sei an der Zeit, die Lage nüchtern zu betrachten, und sind davon überzeugt, daß die Höchstgrenze der Strahlenbelastbarkeit noch lange nicht erreicht sei.

13. Zwar möchte jeder gern glauben, daß das Ganze nicht so schlimm sei, aber man hat den Eindruck, daß viele offizielle Erklärungen nur vorgebracht werden, um die Bevölkerung zu beschwichtigen.
14. Es bleibt nur zu hoffen, daß in absehbarer Zukunft sicherere Energien die Atomkraft ersetzen können.

1. etw. offiziell zugeben *reconnaître officiellement qc*
2. etw. verharmlosen *minimiser qc*
3. etw. mißbilligen *désapprouver qc/ne pas approuver qc*
5. die Störung *la panne/l'incident (m.)/la défaillance*
   auftreten *ici: se produire*
7. der Katastrophenherd *la source de catastrophes*
10. etw. ausgesetzt sein *être exposé, ée à qc*
    die Strahlenbelastung *la radiation*
    unschädlich *sans danger/pas dangereux, euse*
11. der Spätschaden *le dégât/dommage ultérieur*
12. etw. nüchtern betrachten *considérer qc objectivement/à tête reposée*
    die Höchstgrenze der Strahlenbelastbarkeit *le taux maximum de radioactivité supportable/le seuil de tolérance radioactive*

▶ 4 Verbes et expressions impersonnels

Mettez les verbes entre parenthèses **aux formes du subjonctif ou de l'indicatif** (y compris le conditionnel) demandées par le contexte.

Une soirée au casino

1. *C'est vrai* que le chanteur Disquel (être) ce soir au casino?
2. Oui, et *c'est* même *sûr* qu'il y (avoir) beaucoup de monde.
3. *Il n'est pas* du tout *sûr* qu'on (pouvoir) obtenir des places pour le concert de ce soir.
4. Une chose est certaine, c'est qu'*il faut* que tu (avoir) une tenue correcte pour aller au casino, même s'*il est vrai* que la cravate ne (être) plus nécessaire aujourd'hui.
5. *Il est indiscutable* que ce (être) un net progrès par rapport à autrefois. Il était alors *impensable* qu'on (pouvoir) y entrer sans cravate.
6. *Il n'y pas de doute* que, quand la direction a décidé cela, cela ne (avoir) pas plu à tout le monde.
7. De toute façon, *il est douteux* qu'on (pouvoir) satisfaire tout le monde.
8. *Nul doute* que ce changement de style (contribuer) à sortir le casino de la crise qu'il traverse.
9. *Il est* même *vraisemblable* qu'on n'en (rester) pas là.

A la recherche d'une chambre d'hôtel

10. *Il est évident* qu'on (finir) toujours par trouver une chambre d'hôtel quand on cherche bien.

11. En tout cas, *il n'est pas* du tout *évident* qu'il y en (avoir) dans cette petite ville.
12. *Il est* un peu *normal* que vous ne (trouver) rien la veille du 14 juillet.
13. *C'est dommage* qu'on ne (pouvoir) pas rester ici, l'endroit est charmant.
14. *Dommage que* les hôtels (être) tous complets.
15. *Il paraît* qu'il y (avoir) quelques chambres de libres à trois kilomètres d'ici.
16. Si *c'est vrai* qu'il y (avoir) quelque chose de libre, *il me paraît important* que vous y (aller) le plus vite possible.
17. *Il vaut* peut-être *mieux* que vous (téléphoner) avant car *il n'est pas impossible* que ce (être) déjà trop tard.
18. *Comment se fait-il* que vous ne (avoir) pas retenu une chambre avant de partir?
19. *Il ne m'a pas semblé nécessaire* que mon mari le (faire) car jusqu'ici nous n'avions jamais eu de problèmes de ce genre. *Il n'empêche* que la prochaine fois je (téléphoner) avant.

Au restaurant

20. Tu as une bonne demi-heure de retard, *c'est heureux* qu'on ne te (avoir) pas attendu pour l'apéritif.
21. *Heureusement qu'*on ne (être) pas pressé.
22. *Il est grand temps* que nous (passer) la commande.
23. Dans le menu touristique, *il est probable* que le vin (être) compris mais *il est peu probable* que le service le (être) aussi.
24. *Il arrive* assez souvent *de constater* que le service (être) de plus en plus rarement compris dans les menus.
25. *Il serait* en effet *étonnant* que ce (être) différent ici.
26. *Il semble* que le restaurant (être) connu car il y a beaucoup de monde.
27. *Il me semble* qu'on en (avoir) parlé l'autre jour dans le Midi Libre mais *il est* quand même *étonnant de voir* qu'autant de gens (avoir) lu cet article.
28. Moi, je trouve qu'*il n'y a rien d'étonnant* à ce que les gens le (avoir) lu.
29. *Nul doute* que cela lui (avoir) fait une bonne publicité.
30. *Il arrive* assez souvent que les médias (être) à l'origine du succès d'un restaurant, *peu importe que* la cuisine (être) excellente ou passable.

▸ 5 Subordonnées introduites par *que* ayant la fonction de sujet, d'attribut ou de complément du nom

Mettez les verbes en italique **aux formes du subjonctif ou de l'indicatif** (y compris le conditionnel) demandées par le contexte.

Impressions de vacances

1. Le seul souhait de ma voisine est que son fils *venir* passer ses vacances chez elle, en Normandie.
2. Mon opinion est que vous *avoir* pris des risques en sortant le bateau par un temps pareil. La peur que vous ne *pouvoir* pas rentrer au port m'a gâché mon après-midi. Que vous *avoir* failli vous noyer, c'est évident.
3. La journée a été merveilleuse; je n'ai qu'un regret, qu'il *avoir* fait un peu frais pendant le pique-nique.
4. L'idée qu'il *avoir* pu se noyer en agissant aussi bêtement, ne l'a pas effleuré un seul instant.
5. Qu'il *pleuvoir* demain, cela m'étonnerait fort; il fait bien trop froid.
6. C'est un fait que les estivants *être* moins nombreux que l'année dernière.
7. Le fait que les gens *pouvoir* partir toujours plus loin, montre bien tout le chemin parcouru depuis l'instauration des congés payés.
8. Les gens ont dépensé moins que l'année dernière, le fait est que la crise économique leur *avoir* fait un peu peur.
9. C'est un fait étonnant qu'il y *avoir* eu autant de touristes étrangers dans cette région.
10. C'est une honte qu'on ne *dire* rien aux gens qui laissent traîner leur chien sur la plage.

2. *gâcher qc* etw. verderben
4. *une idée l'a effleuré* ein Gedanke ist ihm gekommen
6. *l'estivant (m.)* der (Sommer-)Feriengast

▸ 6 *A ce que* étoffement de la conjonction *que* vs. *à ce qui, à ce que* pronoms relatifs

Mettez les verbes entre parenthèses **aux formes du subjonctif ou de l'indicatif** demandées par le contexte.

Renault: un traitement de choc

A la fin des années 70 on *s'attendait* déjà *à ce que* Renault (perdre) une grande part du marché de l'automobile au profit de ses concurrents français et étrangers. On *s'attendait*

également *à ce qui* (devoir) en être la conséquence immédiate: d'immenses stocks de voitures invendues. Le gouvernement *s'était* alors *opposé à ce que* l'entreprise (réduire) massivement sa production car cela *aurait abouti à ce que* des milliers de travailleurs (être) brusquement sans emploi. Cette mesure draconienne *se serait opposée à ce qui* (être) une des préoccupations majeures du gouvernement: la protection de l'emploi et elle *aurait abouti à ce que* l'on (craindre) le plus: le renforcement de la crise. Mais les difficultés de Renault n'ont fait que s'aggraver.
Le gouvernement socialiste ayant par la suite décidé de mener une politique de rigueur, les dirigeants syndicaux des entreprises nationalisées *ont dû se résoudre à ce que* des milliers d'emplois y (être) supprimés et *renoncer à ce qui* (avoir) été défendu par tous les moyens par le gouvernement précédent, à savoir le maintien de l'emploi. Cela a aussi été le cas pour le secteur automobile. Les nouveaux dirigeants de la Régie Renault ont agi rapidement pour *essayer d'arriver à ce que* leur entreprise (devenir) à nouveau compétitive. Après avoir diminué fortement les effectifs, ils *ont dû* par exemple *renoncer à ce que* l'entreprise (investir) comme elle l'avait fait jusqu'alors dans toutes les technologies, sous prétexte qu'elles étaient indispensables à l'automobile de demain. Il leur *a fallu se résoudre à ce qu'*on ne (avoir) pas encore voulu admettre, à savoir adapter la production à un marché stagnant. Pour *arriver à ce que* le gouvernement et les dirigeants se (être) promis de réaliser, c'est-à-dire sortir la Régie de la crise, il fallait rapidement restructurer l'entreprise.

aboutir à qc zu etw. führen
une mesure draconienne eine drakonische/sehr strenge Maßnahme
une politique de rigueur eine Sparpolitik
les effectifs (m.) die Belegschaft(sstärke)

7 *De ce que, à ce que* vs. *que* en tant qu'introducteurs de la complétive

Complétez en utilisant les introducteurs indiqués et **mettez les verbes** entre parenthèses **aux formes du subjonctif ou de l'indicatif** demandées par le contexte.

Trois millions de Français en locations de vacances

Si le mécanisme des locations semble bien rodé, il n'en reste pas moins vrai que les conflits entre locataires et propriétaires (ou agences) sont encore malheureusement très nombreux.

- On *s'étonne* souvent ... les différents partis ne (avoir) pas pris les précautions nécessaires pour *éviter* ... (apparaître) entre eux une situation conflictuelle.
- C'est ainsi que le propriétaire devrait *prendre garde* en premier lieu ... sa publicité ne (induire) pas en erreur le futur locataire.

- o Il doit au contraire *veiller* ... la description de la location (correspondre) exactement à la réalité.
- o Avant de signer un contrat définitif, le locataire est en droit de *demander* ... le propriétaire lui (remettre) un descriptif des lieux.
- o Le locataire doit *attacher de l'importance* ... le contrat (contenir) le montant du loyer et le cas échéant du dépôt de garantie et des charges.
- o Si les charges sont réelles, le propriétaire ne peut *s'opposer* ... le locataire (faire) en sa présence un relevé des différents compteurs: eau, gaz, électricité.
- o Le locataire doit également *exiger* ... le propriétaire lui (remettre) un reçu lors du paiement du loyer.
- o Il arrive souvent d'entendre des locataires *se plaindre* ... des propriétaires leur (avoir) réclamé un dépôt de garantie lors de l'entrée dans les lieux. En fait, il est tout à fait normal que le propriétaire *tienne* ... ses droits (être) protégés en cas notamment de détérioration des lieux.
- o C'est ainsi que le locataire doit *s'attendre* ... le propriétaire (retenir) une partie de cette somme s'il constate des déprédations dans le logement loué: meubles abîmés, vaisselle cassée ...
- o Le locataire n'a pas lieu d'*être choqué* ... le propriétaire (agir) ainsi. C'est tout à fait légal. Ce qui est important, c'est que cela soit stipulé dans le contrat.
- o Dans de nombreux cas, il suffirait simplement d'un peu plus de franchise et de tolérance de part et d'autre pour *contribuer* ... le séjour dans une location saisonnière (être) vraiment une réussite.

être rodé, ée hier: eingespielt sein
induire qn en erreur jn irreführen
le descriptif die (Bau)Beschreibung
le dépôt de garantie die Kaution
les charges (f.) die Nebenkosten
le reçu die Quittung
la détérioration des lieux die in den angemieteten Räumen verursachten Schäden
la déprédation = détérioration
stipuler qc etw. vertraglich vereinbaren/festsetzen
la franchise die Offenheit, die Aufrichtigkeit

◆ 8 Révision

Mettez les verbes entre parenthèses **aux formes du subjonctif ou de l'indicatif** (y compris le conditionnel) demandées par le contexte.

L'étalement des vacances: mythe ou réalité?

Il est certain que le nombre des départs en vacances (être) en progression constante et on peut s'attendre à ce que dans quelques années ce nombre (être) encore plus élevé qu'aujourd'hui même si l'on pense d'ordinaire qu'on (avoir) atteint aujourd'hui un seuil difficile à franchir. Une chose est sûre, c'est que ce nombre ne (augmenter) pas aussi rapidement qu'au cours des dix dernières années.

Les Français sont certes habitués à ce que la France (être) aux abonnés absents chaque année au cœur de l'été et que la machine économique (être) en panne à la même époque, mais il ne faut pas cependant en déduire qu'au même moment chaque habitant de l'Hexagone (avoir) mis la clef sous la porte. Les statistiques font apparaître que plus d'un Français sur deux ne (partir) pas en vacances. Il n'y a pas de doute qu'une partie de la population ne (vouloir) pas partir en vacances mais qu'une autre – plus importante – ne le (pouvoir) pas ou ne le (pouvoir) qu'au prix d'énormes sacrifices. Il y a donc toujours lieu de regretter que le problème des non-partants (être) encore en partie un problème social.

Pour ce qui est des vacances d'été, il est hors de doute que les problèmes ne (avoir) toujours pas été résolus. Nombreux sont ceux qui déplorent que les Français (vouloir) prendre leurs vacances tous au même moment. Qu'il y (avoir) de nombreux touristes qui prennent leurs vacances hors saison, c'est un fait indéniable. On souhaiterait cependant que ce chiffre (être) plus élevé, en regard de l'immense foule des vacanciers d'été. Et là, on s'étonnera une fois de plus que les touristes (avoir) une telle préférence pour la dernière quinzaine de juillet et la première quinzaine d'août. Il faut bien que les gens (pouvoir) profiter de ce que l'on dit être les deux plus beaux mois de l'été, mais on doute qu'il (être) nécessaire d'aller s'entasser sur les plages, alors que tant de sites prestigieux sont presque déserts. Pour remédier à cette situation, les responsables ont déjà proposé que les vacances (être) étalées, mais sans succès. On a l'impression que le Français, même s'il cherche un petit coin tranquille, ne (vouloir) pas être seul en vacances. Comme par ailleurs il semble difficile que le système des vacances scolaires (être) profondément modifié, et comme aucune autorité, politique ou même économique, ne pourrait ordonner que les congés payés (être) accordés au gré de chacun, on assistera longtemps encore à ces exodes massifs de l'été. Tout au plus peut-on espérer que cette situation ne (aller) pas s'aggraver.

Mais si jusqu'ici les vacances se déroulaient essentiellement en été, de plus en plus nombreux sont ceux qui refusent que l'équilibre de leur vie (être) fait d'une moyenne entre deux périodes, qui sont d'ailleurs d'une longueur très inégale. C'est un fait qu'un intérêt croissant pour des parenthèses plus nombreuses dans la vie quotidienne (se faire) de plus en plus sentir. Il est vrai que la loi portant sur la cinquième semaine de congés payés y (être) pour quelque chose. Elle prévoit en effet que les salariés (devoir) prendre cette cinquième semaine en dehors des ‹grandes vacances› traditionnelles. A cela s'ajoute que les ‹petites vacances›, en hiver ou à l'occasion des week-ends, (avoir) tendance à se généraliser. On aurait tort de penser cependant que tous ces vacanciers d'hiver (aller) faire du ski. Un tiers seulement de ceux qui partent en vacances d'hiver, les passent à la montagne. Il n'en reste pas moins vrai que les vacances à la neige (être) appelées à se développer. Le développement spectaculaire du ski de fond n'y est bien sûr pas étranger. Il est évident que ce sport (être) moins onéreux que le ski de piste et qu'il (s'adresser) à un plus large public. Il serait très certainement bon que ce morcellement des loisirs que l'on constate aujourd'hui (se poursuivre) car il permettrait peut-être de trouver une solution partielle au problème de l'étalement des vacances. Beaucoup sont d'avis que les ‹loisirs à la petite semaine› (avoir) un bel avenir devant eux.

la France est aux abonnés absents etwa: ganz Frankreich ist unterwegs
l'Hexagone (m.) das Sechseck, hier: Frankreich
indéniable unleugbar
remédier à qc abhelfen, Abhilfe schaffen
au gré de qn nach jms Belieben, Gutdünken
les exodes (m.) massifs hier: große Reisewelle
onéreux, euse kostspielig
le morcellement die Aufteilung, Verteilung

Chapitre 12
La proposition circonstancielle

Présentation générale

La proposition circonstancielle est traditionnellement définie par sa forme et par son sens: elle est introduite par une conjonction de subordination (par ex. *quand, comme, puisque*) et elle exprime l'une des circonstances dans lesquelles se déroule l'action de la principale.

On s'en est tenu à cette définition en regroupant les circonstancielles selon les domaines suivants: *temps, cause, but* et *conséquence, concession* et *opposition, condition.* Cette structuration mise à part, il y a plusieurs critères qui ont particulièrement guidé la conception des exercices et le choix des exemples:

- **Le problème du mode**
  Le mode permet d'opposer les circonstancielles introduites par des conjonctions suivies exclusivement de l'indicatif *(pendant que, parce que, puisque ...)* ou du subjonctif (*afin que, à moins que, avant que ...*) à celles introduites par des conjonctions admettant l'indicatif et le subjonctif selon le cas (*de sorte que, de façon que ...*)

- **Le remplacement de la circonstancielle par une infinitive ou d'autres constructions alternatives**
  Tout en ayant une structure propositionnelle, la circonstancielle est comparable aux adverbes ou aux compléments circonstanciels de la phrase. Exemple:

  Avant que je parte,
  Avant de partir, — je dois régler beaucoup de choses.
  Avant mon départ,

- **Le regroupement de certaines conjonctions en fonction de difficultés d'apprentissage**
  Exemple: *avant que, jusqu'à ce que, en attendant que* équivalant à l'allemand *bis:*

Wir warten, *bis* Sie zurück sind.	Nous attendrons *jusqu'à* ce vous soyez de retour.
Ich hoffe, daß Sie fertig sind, *bis* ich zurück bin.	J'espère que vous aurez terminé *avant que* je sois de retour.
Bis ich zurückkomme, sehen Sie sich bitte diesen Text an.	*En attendant que* je revienne, je vous prie de regarder ce texte.

H GE chap. 5, chap. 6, 136–142, chap. 7; GhF chap. 18

Circonstancielles de temps [▶ 1–8]

▶ 1 *Au moment où, comme, lorsque, quand* [équivalents de l'allemand *als*]

Complétez.

1. ... le candidat socialiste est monté à la tribune pour prononcer son discours électoral, il a été accueilli par des applaudissements. Mais ... il s'apprêtait à prendre la parole, quelques extrémistes ont fait irruption dans la salle. L'un d'eux s'est précipité pour grimper sur l'estrade, mais juste ... il allait s'emparer du micro, deux membres du service d'ordre l'ont empoigné et l'ont sorti de la salle sans ménagement. Vous voyez bien que j'avais raison ... je vous disais qu'on avait bien fait de renforcer le service d'ordre.
2. L'autre jour, ... je passais devant le Crédit Lyonnais, mon attention a été attirée par trois individus qui sortaient en courant de la banque pour se précipiter dans une voiture garée en double file. ... j'ai entendu la sirène de la voiture de police, j'ai pensé tout de suite qu'il s'agissait d'un hold-up. Dans le journal du soir j'ai appris que les bandits s'étaient introduits dans la banque ... celle-ci allait fermer et qu'il y avait eu des coups de feu. L'un des bandits avait tiré un coup de pistolet ... le caissier, M. Lefranc, avait essayé d'actionner la sonnerie d'alarme. ... les secours sont arrivés sur les lieux, M. Lefranc avait déjà succombé à ses blessures.

1. *faire irruption* eindringen
l'estrade (f.) das Podium

2. *être garé, ée en double file* in der zweiten Reihe parken

▶ 2 *Depuis que, dès que*

Complétez.

1. ... M. Délire est chef de service, l'atmosphère a changé au bureau.
2. Le chef du personnel est un homme sec et froid; ... il est là, l'atmosphère change aussitôt.
3. ... les gens ont appris que le prix des cigarettes allait augmenter, ils se sont précipités dans les bureaux de tabac pour se constituer des réserves.
4. ... la limitation de vitesse est en vigueur sur ce tronçon d'autoroute, il y a moins d'accidents.
5. Il y a tout lieu de croire que le nombre d'accidents augmentera ... la limitation de vitesse sera levée.
6. ... nous avons appris qu'il était reçu à l'examen, nous lui avons envoyé un télégramme de félicitations.

7. ... il a réussi son examen, il prend un air supérieur.
8. ... il eut appris qu'il était reçu à l'examen, il se mit à la recherche d'un emploi.

4. *être en vigueur* in Kraft sein, gelten, hier: eingeführt sein   *le tronçon d'autoroute* der Autobahnabschnitt

3 *Avant que ... (ne), en attendant que, jusqu'à ce que* [équivalents de l'allemand *bis*]

Complétez.

1. La maison sera terminée ... les grands froids commencent.
2. Les travaux de construction se poursuivront ... les grands froids commencent.
3. Les enfants ne quitteront pas la table ... les grandes personnes aient fini de manger.
4. Les enfants resteront à table ... ils aient fini de manger.
5. Les ouvriers lutteront ... ils aient obtenu satisfaction du patronat.
6. Les ouvriers ne mettront pas fin à la grève ... le patronat leur ait donné satisfaction.
7. ... une convention collective fixe l'augmentation définitive, on a décidé d'accorder aux ouvriers en grève une augmentation provisoire de 6%.
8. ... vous finissiez vos courses, je prendrai un café dans le bar d'en face.
9. Vous pouvez aller faire vos courses; je resterai dans le café d'en face ... vous soyez de retour.
10. Je vais faire des courses, mais je serai de retour au café ... vous ayez terminé votre repas.

5. *le patronat* die Arbeitgeber(schaft)   7. *la convention collective* der Tarifvertrag

4 *Aussi longtemps que, tant que* **vs.** *jusqu'à ce que*

Complétez et remplacez les infinitifs en italique par les formes convenables.

1. Le médecin m'a dit que je devrais garder le lit ... je *être* complètement rétabli.
2. Le médecin m'a dit que je devrais garder le lit ... je ne *être* pas complètement rétabli.
3. Les mesures sur la sécurité routière resteront inefficaces ... les pouvoirs publics *se décider* à améliorer le réseau routier.
4. Les mesures sur la sécurité routière resteront inefficaces ... les pouvoirs publics ne *se décider* pas à améliorer le réseau routier.

5. ... nous *avoir* une politique culturelle élitiste, la culture restera un luxe.
6. ... le grand public *rester* insensible au théâtre d'avant-garde, la plupart des metteurs en scène ne monteront que des pièces de boulevard ... on *finir* par s'en lasser.

3. *le réseau routier* das Straßennetz
6. *se lasser de qc.* einer Sache überdrüssig werden

▶ 5 *Pendant que, alors, que, tandis que* [équivalents de l'allemand *während*]

Complétez.

1. ... la France d'il y a vingt ans était une nation surtout agricole, la France de demain sera industrielle; la paysannerie disparaîtra presque ... le secteur tertiaire ne cessera de se développer.
2. La politique énergétique de la France reste très dépendante de l'atome ... beaucoup de pays occidentaux s'efforcent de limiter la part du nucléaire dans la consommation d'énergie.
3. ... le Président de la République ranimait la flamme du Soldat inconnu, la foule restait silencieuse.
4. Cette année, en Bretagne, j'ai pu me baigner presque tous les jours ... l'an dernier je ne m'étais pas baigné une seule fois.
5. Je viendrai demain surveiller les enfants ... vous serez au cinéma.
6. ... je fais la vaisselle, tu pourrais aller faire les courses.

▶ 6 Proposition circonstancielle vs. complément circonstanciel vs. construction infinitive

Transformez dans les phrases suivantes la proposition circonstancielle en complément circonstanciel et/ou en construction infinitive. Précisez les cas où les deux transformations sont possibles.

> **Exemple:**
>
> *Avant que je (ne) parte,* je dois régler beaucoup de choses. →
> *Avant de partir, ...*
> *Avant mon départ, ...*

1. Quand le ministre est absent, le secrétaire d'Etat assure ses fonctions.
2. Le ministre est actuellement en voyage; dès qu'il sera revenu, il se penchera sur le problème en question.

3. Le Président de la R.F.A. a visité le Louvre lorsqu'il est passé à Paris en avril dernier.
4. Comme il descendait de l'avion, le chancelier fédéral fut acclamé par la foule.
5. Au moment où le ministre des Finances est entré en fonctions, il sous-estimait la gravité de la situation économique.
6. Aussitôt que la séance eut pris fin, les journalistes se précipitèrent sur les personnalités politiques qui y avaient assisté.
7. Avant que l'accord (ne) soit signé, plusieurs questions de principe doivent être réglées.
8. Avant que les délégués signent l'accord, ils doivent régler plusieurs questions de principe.
9. Les entretiens continueront jusqu'à ce que cette question soit réglée définitivement.
10. Après que la loi sur l'avortement fut adoptée par le Parlement, il se posa très vite le problème de son application.
11. Depuis que l'interruption volontaire de grossesse (I.V.G.) est remboursée par la Sécurité sociale, le nombre des avortements clandestins a baissé très rapidement.
12. Après qu'ils eurent rejeté la plupart des amendements proposés par l'opposition, les députés finirent par adopter la loi sur l'audiovisuel.

10. *l'avortement (m.)* die Abtreibung
11. *l'interruption (f.) volontaire de grossesse* Schwangerschaftsunterbrechung/-abbruch
12. *l'audiovisuel (m.)* hier: das Rundfunk- und Fernsehwesen

7 Révision portant sur les circonstancielles de temps

Traduisez.

1. Sobald das neue Gesetz in Kraft tritt, werden die Zigarettenpreise in Frankreich steigen.
2. Seitdem unsere Nachbarn umgezogen sind, haben wir sie nicht mehr gesehen.
3. Während die Schüler einen Aufsatz schrieben, las der Lehrer die Zeitung.
4. Während man vor einigen Jahren noch kaum vom Waldsterben sprach, kennt heutzutage fast jeder dieses Problem.
5. Gerade als ich aus dem Haus gehen wollte, klingelte das Telefon.
6. Ich hoffe, daß du dein Zimmer aufgeräumt hast, bis ich zurück bin.
7. Wir warten in dem Cafe neben dem Bahnhof, bis Sie zurück sind.
8. Ich verabschiede mich schon von Ihnen; bis ich zurückkomme, sind Sie sicher schon weg.
9. Solange wir keine endgültige Genehmigung haben, können wir nichts unternehmen.
10. Wir haben uns untergestellt, bis es aufgehört hat zu regnen.
11. Bis es aufhört zu regnen, können wir schon mal die Wohnung aufräumen.

1. in Kraft treten *entrer en vigueur*
4. das Waldsterben *le dépérissement/la mort des forêts*
9. die endgültige Genehmigung *l'autorisation (f.) définitive*
10. sich unterstellen *se mettre à l'abri*

Circonstancielles de cause [▶ 8]

▶ 8 *Comme, parce que, puisque*

Reliez les phrases en introduisant la proposition entre parenthèses par la conjonction exigée par le contexte.

1. (La grève des transports en commun va durer un certain temps.) Il faudra bien prendre sa voiture malgré les encombrements.
2. Je suis arrivé en retard à l'usine. (La R.A.T.P. était en grève.)
3. (Sa femme avait besoin de leur voiture.) Il est venu au bureau en autobus.
4. La voiture de Mme Pévet a dérapé sur la chaussée humide. (Les pneus avant étaient usés.)
5. Je ne veux pas changer de voiture maintenant. (Je n'ai pas assez d'argent et la mienne est encore en bon état.)
6. (Demain, c'est un jour férié.) Les départs en vacances vont commencer dès cet après-midi.
7. L'étalement des vacances est irréalisable. (Comme vous le savez, les vacances scolaires sont obligatoirement en juillet et en août.)
8. Vous ne partez certainement pas tout de suite. (Vous détestez les départs en masse, n'est-ce pas?)

1. *l'encombrement (m.)* die Verkehrsstauung/Verkehrsstockung
2. *la R.A.T.P. = la Régie Autonome des Transports Parisiens* (Pariser Verkehrsbetriebe)
4. *déraper* ins Schleudern geraten

Circonstancielles de but et de conséquence [▶ 9–14]

▶ 9 *Pour que, afin que* **vs.** *de peur que … (ne), de crainte que … (ne)* [résultat que l'on veut obtenir vs. résultat que l'on veut éviter]

Faites à partir des mots entre parenthèses **une proposition** en utilisant la conjonction exigée par le contexte.

L'accession de la Grande-Bretagne au Marché commun

1. Les pays du Marché commun, d'une façon générale, tenaient à ce que l'Angleterre reste dans le Marché commun (l'Europe pouvoir devenir une véritable puissance politique).
2. Les Anglais avaient longtemps hésité à entrer dans le Marché commun (leur indépendance vis-à-vis du continent être mise en cause).
3. Il fallut un référendum (être décidé le problème de l'adhésion définitive au Marché commun). Il eut lieu en juin 1975.
4. Les syndicats anglais se firent les champions du «non»; ils ne voulaient pas adhérer à une Europe des monopoles capitalistes (celle-ci freiner la socialisation de leur pays).
5. De nombreux Anglais étaient favorables à un retrait du Marché commun (surgir bientôt des institutions supranationales qui dépouilleraient leur Parlement de ses prérogatives).
6. Les conservateurs et les libéraux firent une campagne très active (le «oui» triompher).
7. Les milieux d'affaires de la City se prononcèrent pour le «oui» (sur les marchés internationaux l'Angleterre, sortie du Marché commun après y avoir adhéré, ne passer plus pour une valeur sûre).

Finalement, le référendum de juin 75 portant sur le maintien de la Grande-Bretagne dans la C.E.E. remporta plus de 67% de «oui».

1. *l'accession (f.)* der Beitritt
2. *mettre en cause* in Frage stellen
3. *l'adhésion* der Beitritt
4. *le syndicat* die Gewerkschaft
5. *dépouiller qn de ses prérogatives* jn seiner Vorrechte berauben

10 *Si ... que* vs. *tant ... que*

Reliez les phrases en utilisant la conjonction exigée par le contexte et en effectuant les modifications nécessaires.

Exemple:

M. Dupont s'est levé *très* tard. Il a manqué son train.
→ M. Dupont s'est levé *si* tard *qu'*il a manqué son train.

1. Votre voiture a beaucoup roulé. Vous devriez vous en défaire le plus vite possible.
2. Depuis des années, la circulation automobile augmente énormément. Il a fallu construire de nouvelles routes.
3. La vitesse de croisière du Concorde est très élevée. Il parvient à relier Paris à New York en moins de trois heures et demie.
4. Le Concorde consomme beaucoup de carburant et le nombre de ses passagers est restreint. C'est pourquoi le billet d'avion est cher.

5. Les accidents mortels sont très nombreux sur cette portion d'autoroute. On a décidé de limiter la vitesse à 80 km/h.
6. Dans les années 70, l'augmentation du prix du pétrole a été très importante. Elle a eu des répercussions sur l'économie de la plupart des pays occidentaux.
7. En tant que représentant de commerce M. Rouleau fait beaucoup de kilomètres avec sa voiture. Il n'a pas envie de la prendre pour partir en vacances.

3. *la vitesse de croisière* die Reisegeschwindigkeit
4. *le carburant* der Treibstoff
5. *la portion d'autoroute* der Autobahnabschnitt
6. *avoir des répercussions sur* Auswirkungen auf etw. haben

▸11 *Assez … pour que, trop … pour que, assez … pour* [+ inf.], *trop … pour* [+ inf.]

Reliez les phrases en utilisant la conjonction exigée par le contexte et en effectuant les modifications nécessaires.

Exemple:

Les pneus de ma voiture sont usés. Ils n'assurent plus une bonne tenue de route.
→ Les pneus de ma voiture sont *trop* usés *pour* assurer encore une bonne tenue de route.
Ces pneus sont chers. Je ne peux pas les acheter.
→ Ces pneus sont *trop* chers *pour que* je puisse les acheter.

1. Le T.G.V. est rapide. Il arrive même à concurrencer l'avion.
2. Les T.G.V. sont nombreux. Je peux faire l'aller et retour dans la journée sans problème.
3. Le camion est large. Il ne pourra pas passer par cette rue.
4. Cette piste est longue. Les plus gros avions peuvent atterrir.
5. Le pétrole brut est impur. On ne peut l'utiliser directement.
6. Les pneus de ma voiture sont usés. Je ne peux plus continuer de rouler comme ça.
7. Ma voiture est vieille. Elle n'est pas cotée à l'argus.
8. Cette marque est connue en France. Vous obtiendrez sans difficulté des pièces détachées.

7. *être coté, ée à l'argus* etwa: in der Schwackeliste (Preisliste für Gebrauchtwagen) geführt werden
8. *des pièces détachées* Ersatzteile

12 *Si … que, tant … que, assez … pour que, trop … pour que*

Complétez et mettez le verbe en italique à la forme convenable.

1. L'équipe de France de rugby est … forte cette année … elle *gagner* certainement le Tournoi des Cinq Nations.
2. La boxe est un sport … brutal et comporte … de combines … je ne m'y *être* jamais intéressé.
3. Les Jeux Olympiques sont devenus une entreprise … commerciale et coûteuse … on *pouvoir* y trouver encore l'idéal olympique de l'amateurisme.
4. Dans le massif de la Chartreuse, au cours de la quinzième étape du Tour de France, les conditions climatiques étaient … dures … les coureurs *avoir* souffert dans l'ascension et *être* arrivés très en retard.
5. La France a … attendu une victoire aux Vingt-Quatre Heures du Mans … elle *avoir* tout de même fini par la remporter.

6. Nos équipes de football ont joué ... médiocrement ... elles *avoir* été éliminées dès le premier tour dans les différentes coupes européennes.
7. Certains sportifs s'entraînent ... ... ils *être* même surentraînés.
8. Le ski est devenu en France un sport ... populaire ... il *être* de plus en plus difficile de trouver quelque chose de libre dans les Alpes pendant les vacances de février.
9. Le golf reste un sport qui revient ... cher ... beaucoup de gens *pouvoir* y jouer régulièrement.
10. Les conditions atmosphériques semblaient ... bonnes ... on *pouvoir* donner le départ de la course.

2. *des combines (f.)* hier: undurchsichtige Machenschaften

10. *donner le départ* starten, beginnen lassen

13 *De sorte que, de telle sorte que, si bien que*

Complétez et mettez le verbe en italique à la forme convenable.

1. La soirée était très réussie ... on *être* rentré à deux heures du matin.
2. M. Délire était en colère, il m'a adressé des injures ... j'*avoir* préféré le quitter.
3. Monsieur X. est un chauffard. Pendant tout le trajet il a conduit ... j'*avoir* eu à craindre pour ma vie.
4. Monsieur X. a conduit prudemment ... je n'*avoir* rien eu à craindre.
5. On a demandé au nouvel employé d'agir ... tout le monde *être* satisfait.
6. Le nouvel employé a agi maladroitement ... personne n'*avoir* été satisfait.
7. Ne roulez pas trop vite ... j'*avoir* le temps de regarder le nom des rues.
8. Vous avez roulé trop vite ... je n'*avoir* pas eu le temps de regarder le nom des rues.
9. Ecrivez lisiblement ... on *pouvoir* vous relire sans difficulté.
10. On lui a dit d'écrire ... on *pouvoir* le relire sans difficulté.
11. Il m'a écrit ... j'*avoir* pu le relire sans difficulté.

3. *le chauffard* schlechter oder auch rücksichtsloser Fahrer

10. *relire qn* hier: jms Schrift entziffern

14 Révision portant sur les circonstancielles de but et de conséquence

Traduisez.

1. Nichts ist lästiger als ein Umzug. Es sind so viele Dinge zu regeln, daß man nicht weiß, wo man anfangen soll. Im Augenblick regt uns die geringste Kleinigkeit so auf, daß wir sofort in Streit geraten. Hinzu kommt, daß mein Mann zur Zeit zuviel Arbeit hat, um ruhig reagieren zu können. Ich fürchte, daß wir uns noch so aufregen, daß wir unseren Entschluß bedauern. Zum Glück haben wir den Umzugstermin so gelegt, daß wir vieles in den Ferien erledigen können.
2. Die Lage auf dem Arbeitsmarkt hat sich so verschlechtert, daß es heute noch mehr Arbeitslose gibt als letztes Jahr. Die Zahl der offenen Stellen ist so stark zurückgegangen, daß die Schüler, die dieses Jahr aus der Schule entlassen werden, nur geringe Aussichten haben, einen Arbeitsplatz zu finden. Für viele junge Leute ist die berufliche Situation höchst unbefriedigend, so daß auf die Dauer mit sozialen Unruhen zu rechnen ist. Damit dies nicht passiert, hat die Regierung einen neuen Plan zur Bekämpfung der Jugendarbeitslosigkeit entwickelt. Diese Maßnahmen sind aber nicht weitgreifend genug, als daß die Zahl der arbeitslosen Jugendlichen deutlich verringert werden könnte.

1. einen Termin (auf ein bestimmtes Datum) legen *fixer une date*
2. der Arbeitsmarkt *le marché du travail/de l'emploi*
   sich verschlechtern *se détériorer*
   die berufliche Situation *la situation professionnelle*
   höchst unbefriedigend *très peu satisfaisant, ante*
   die sozialen Unruhen *les troubles sociaux*
   die Bekämpfung der Jugendarbeitslosigkeit *la lutte contre le chômage des jeunes*
   weitgreifend *vaste*

Circonstancielles de concession et d'opposition [▶ 15–16]

•15 *Alors que, bien que, malgré que, même si, où que, quelque ... que, quel que, quoique, quoi que, si/aussi ... que, tandis que, tout ... que*

Transformez la partie de la phrase en italique en proposition circonstancielle en utilisant les conjonctions citées ci-dessus. [Donnez toutes les solutions possibles.]

1. Au cours des dernières années, *malgré l'augmentation de la taxe sur les tabacs,* la consommation de tabac et de cigarettes est restée grosso modo constante.
2. A mon avis, *on aurait beau mettre plus souvent les gens en garde contre les méfaits de la nicotine,* ils continueraient néanmoins de fumer.
3. Le nombre de fumeurs a globalement baissé, *mais* la proportion de gros consommateurs, *en revanche,* a augmenté.

4. Tenez, Pierre par exemple, quand je suis allé chez lui l'autre jour il fumait comme un pompier *malgré un rhume.*
5. *Il a beau être robuste,* il peut tomber un jour gravement malade s'il continue de fumer comme il le fait.
6. *Partout où il est,* il fume.
7. *Il a beau faire n'importe quoi,* il a toujours une cigarette à la bouche.
8. *Vous aurez beau faire des efforts,* vous ne réussirez pas à le convaincre.
9. *Peu importe la façon dont on lui parle,* il réagit toujours comme ça.
10. *Peu importe à qui il s'adresse,* il se bute dès que son interlocuteur aborde ce problème.

10. *se buter* auf stur schalten *aborder un problème* ein Problem anschneiden

▶ 16 Révision portant sur les circonstancielles de concession et d'opposition

Traduisez.

Zur Problematik der Kernenergie

1. So groß auch die Gefahren der Atomenergie sind, die jetzige Regierung verfolgt weiterhin ihre Energiepolitik.
2. Welche Gründe die Politiker auch immer angeben, die meisten von ihnen sind fragwürdig.
3. Wie sie auch immer entscheiden werden, die bereits vorhandenen Atomkraftwerke stellen zukünftige Generationen vor große Probleme.
4. Obwohl die Gefahren der Atomenergie allgemein bekannt sind, werden weiterhin Atomkraftwerke gebaut.
5. Wie dem auch sei, der größte Teil der Bevölkerung ist gegen die Nutzung dieser Energiequelle.
6. Welche Sicherheitsmaßnahmen auch immer vorgesehen sind, das Risiko eines atomaren Unfalls läßt sich nicht ausschließen.
7. So sachkundig sie auch waren, die Experten konnten viele Fragen zu dem Reaktorunfall nicht beantworten.
8. Die Regierungen sollten mehr Geld für die Erforschung alternativer Energien aufbringen, anstatt riesige Summen für die Atomforschung auszugeben.
9. Während die Opposition den sofortigen Ausstieg aus der Kernenergie fordert, ist die Regierung der Ansicht, daß die Atomenergie unentbehrlich sei.
10. Was die Politiker auch immer zu diesem Thema sagen, viele glauben ihnen nicht mehr.

2. fragwürdig *douteux, euse*
7. sachkundig *compétent, ente*
8. die Erforschung von etw. *la recherche de qc*
9. fordern *exiger/demander*
der Ausstieg aus der Kernenergie
le renoncement à l'énergie nucléaire

Circonstancielles de condition [▶ 17–19]

▶ 17 La conditionnelle introduite par *si*

Mettez les verbes en italique **à la forme convenable.**

1. Si l'équipe de France de rugby *avoir* battu l'Ecosse et qu'elle *faire* match nul contre l'Angleterre, elle *gagner* le Tournoi des Cinq Nations.
2. Je crois que l'équipe de France *avoir* pu réussir une belle performance si ses meilleurs joueurs ne *être* pas blessés.
3. Si les basketteurs français *jouer* plus vite, les équipes françaises *faire* meilleure figure dans les dernières compétitions internationales.
4. Je ne crois pas que notre équipe ait des chances en Coupe d'Europe sauf si le tirage au sort nous *être* favorable.
5. Même s'il y *avoir* plus d'équipements sportifs, il n'y *avoir* pas forcément plus de champions.
6. Si l'arbitre ne *avoir* pas sifflé ce penalty discutable, notre équipe *pouvoir* au moins arracher le match nul.
7. On a dit dans les journaux que si le champion en titre ne *être* pas en bonne forme, notre boxeur *pouvoir* le battre par k.o. Ce *être* pourtant bien étonnant si cela *arriver*.
8. Si la télévision *retransmettre* trop de matchs de boxe, il y *avoir* des gens qui *être* mécontents.

▶ 18 *A condition que, au cas où, à moins que … (ne)*

Complétez et mettez les verbes en italique à la forme convenable.

1. Nous viendrons vous voir la semaine prochaine … vous *avoir* le temps de nous recevoir.
2. … il *pleuvoir* demain, nous resterions à la maison … les Dupont nous *inviter* à faire un bridge.
3. Nous irons en train à Paris … notre voiture *être* réparée d'ici là.
4. … nous *venir* en voiture, il faudra penser à prévenir les Dubois de ne pas nous attendre à la gare.
5. … vous ne *avoir* rien prévu pour ce soir, vous pourriez passer prendre un verre à la maison … cela vous *déranger* de rencontrer les Dubois.
6. Vous prendrez bien un petit whisky? … vous *préférer* un pastis.
7. … vous *vouloir* de la bière, je vais vous en chercher.
8. Le personnel de l'usine a menacé de faire grève … la direction ne *réembaucher* pas les ouvriers licenciés.

9. La direction n'est prête à donner suite aux revendications du personnel que ... celui-ci *accepter* le chômage partiel.
10. Les représentants des ouvriers refusent de négocier avec la direction ... celle-ci *faire* de nouvelles propositions.

8. *réembaucher qn* jn wiedereinstellen
licencier qn jn entlassen
9. *la revendication* die Forderung
le chômage partiel die Kurzarbeit, die Teilarbeitslosigkeit

▸19 Révision portant sur les circonstancielles de condition

Traduisez.

1. – Wenn Sie heute abend nichts vorhaben, kommen Sie doch bei uns vorbei. Wir könnten eine Partie Bridge spielen, falls Sie das interessiert.
   – Wir nehmen Ihre Einladung gerne an, vorausgesetzt jedoch, daß wir einen Babysitter für unsere Kinder finden. Falls wir keinen bekommen sollten, müssen wir wohl zu Hause bleiben, es sei denn, unsere Nachbarin springt nochmal ein. Sie wird es aber wahrscheinlich nur unter der Bedingung tun, daß wir gegen 11 Uhr wieder zu Hause sind.
   – Könnten Sie uns anrufen, falls es nicht klappen sollte?
2. – Wenn Sie in die Bretagne fahren wollen, weiß ich etwas für Sie, es sei denn, Sie suchen eine Ferienwohnung direkt am Meer.
   – Wenn Sie uns etwas vorschlagen könnten, wären wir Ihnen sehr dankbar.
   – Es handelt sich um ein altes Bauernhaus, einige Kilometer vom Meer entfernt. Es wird Ihnen gefallen, vorausgesetzt, Sie lieben während der Ferien das einfache Leben. Für den Fall, daß Sie interessiert sind, könnte ich meine Freunde in Frankreich anrufen. Der Mietpreis ist nicht sehr hoch, allerdings vermieten sie das Haus nur unter der Bedingung, daß Sie es für die ganze Saison nehmen.
3. Nach Meinung des Premierministers sind die Kommunisten schuld, wenn es Unruhen bei Renault gibt. Die Vertreter der C.G.T. meinen ihrerseits, daß die Werksleitung sicher zu Konzessionen bereit wäre, wenn es der Regierung bei dem Konflikt in den Renault-Werken nicht um die Verteidigung ihres wirtschaftlichen Sparprogramms ginge. Eins ist sicher, die Gewerkschaften werden auch in Billancourt zum Streik aufrufen, angenommen die Werksleitung weigert sich, über die Löhne zu verhandeln.
4. Wenn die Streiks an den Universitäten anhielten, wäre der Minister gezwungen, seinen Reformentwurf zu ändern oder aber unpopuläre Maßnahmen zu ergreifen. Sollte es ihm aber nicht gelingen, einen akzeptablen Kompromiß zu erreichen, könnte er sich zum Rücktritt veranlaßt sehen. In jedem Fall, ob er Erfolg hat oder ob er scheitert, ist seine politische Karriere stark gefährdet.

1. der Babysitter *le baby-sitter*
   einspringen hier: *dépanner qn*
2. dankbar *reconnaissant, ante*
3. die Unruhen *les troubles (m.)*
   die Werksleitung *la direction de l'entreprise*
   das wirtschaftliche Sparprogramm
   le plan/programme d'austérité (économique)
   die Gewerkschaft *le syndicat*
   zum Streik aufrufen *appeler à la grève/lancer un (mot d') ordre de grève*
4. der Reformentwurf *le projet de réforme*
   unpopulär *impopulaire*
   sich zum Rücktritt veranlaßt sehen
   se voir obligé, ée de/être amené, ée à démissionner
   scheitern *échouer*

20 Révision générale

Mettez les verbes en italique **à la forme convenable.**

Le tourisme en France

Bien que catalogues et affiches *faire* rêver les Français de paradis à l'étranger, cinq vacanciers sur six passent leurs vacances dans l'Hexagone. Ce phénomène joue un rôle très important pour la balance touristique de la France, quel que *être* d'ailleurs le nombre des étrangers séjournant en France. Comme d'autre part celui-ci *être* en augmentation, la balance touristique est excédentaire. Avant que les salariés ne *avoir* cinq semaines de congés payés, les vacances restaient symbolisées par l'exode urbain massif des mois de juillet et d'août. Même si cela *être* encore vrai aujourd'hui, on assiste néanmoins à un changement sensible d'habitudes. Alors que les Français *prendre* autrefois des locations d'un mois environ, ils partent aujourd'hui moins longtemps, moins loin mais aussi plus souvent. Ils souhaitent également des vacances plus actives si bien que les milieux touristiques se *être* empressés d'exploiter ce phénomène en offrant des formules de séjour plus attractives qu'auparavant. Où qu'il *aller*, à moins bien sûr qu'il ne s'*agir* d'un endroit très retiré, le touriste est presque sûr de pouvoir participer à des festivals, stages, activités culturelles ou sportives ... Et ceci même à la campagne. Il est vrai d'ailleurs que, depuis que la crise *être* apparue, les Français se montrent de plus en plus prudents quant à leur budget vacances. Moins chère que la côte, la campagne bénéficie de cette situation et nombreux sont ceux qui préfèrent «se mettre au vert» d'autant plus que de grands efforts *avoir* été faits pour l'accueil des touristes. Quelle que *être* la région qu'ils choisissent, ils peuvent en effet profiter d'un nombre de plus en plus important non seulement de gîtes ruraux, mais aussi de chambres d'hôtes, de tables d'hôtes ou de campings à la ferme. Quoi qu'il en *être*, le capital touristique français est assez vaste pour que chacun *pouvoir* trouver le paysage ou le site qui lui convient, et même le climat. Par ailleurs, pendant que d'autres pays *avoir* vécu pendant des années sur leur acquis touristique, la France a entrepris un immense effort d'équipement et de mise en valeur des sites, sans que toutefois trop de choses *être* détruites. Les énormes investissements réalisés afin que *être* développés certains secteurs, comme par exemple les côtes du Languedoc-Roussillon ou de la façade atlantique, ont été vite amortis. La France dispose également, outre ses richesses déjà connues, du plus beau domaine skiable d'Europe, vu qu'il *être* très vaste, varié et très ensoleillé. Il est d'ailleurs si bien aménagé qu'il *être* très apprécié par de nombreux étrangers. La France pourrait constituer un des pôles touristiques les plus attractifs d'Europe à condition qu'elle *pouvoir* continuer de soutenir la comparaison avec les autres pays méditerranéens, notamment pour ce qui est des prix et de l'accueil.

l'Hexagone das Sechseck, hier: Frankreich
être excédentaire einen Überschuß aufweisen, positiv sein (Bilanz)
l'exode (m.) massif Massenaufbruch, große Reisewelle
«se mettre au vert» ins Grüne/aufs Land fahren
le gîte rural Ferienwohnung, -haus auf dem Lande
la chambre d'hôte(s) Zimmer mit Frühstück
la table d'hôte(s) etwa: Beköstigung bei Privatleuten
l'acquis (m.) die Errungenschaft

Chapitre 13
Participe présent, adjectif verbal et gérondif

Présentation générale

Le **participe présent** a ou bien la fonction d'une **relative**

Lycéen allemand, [*habitant Trèves,* / *qui habite Trèves,*] cherche correspondant français.

ou bien celle d'une **circonstancielle**

Ne parlant pas très bien le français, / *Comme il ne parle pas très bien le français,*] notre fils est intéressé par un échange scolaire.

Tout comme le verbe au **gérondif**, le participe présent conserve la possibilité d'avoir des compléments:

Ouvrant brusquement la porte, il entra.
Il entra *en ouvrant brusquement la porte.*

Quand le participe présent perd la possibilité d'avoir comme un verbe des compléments, il passe dans la classe des adjectifs et devient **adjectif verbal**. Il adopte alors tous les traits morphosyntaxiques de l'adjectif (accord en nombre et en genre avec son antécédent):

C'est un livre plein d'histoires *amusant grands et petits.*
Son père raconte toujours des histoires *amusantes.*

Les exercices suivants portent sur
a) la concurrence entre participe présent, adjectif verbal et relative ▶ 1–4:
   - o différenciation orthographique entre participe présent et adjectif verbal (un homme *influent* – un homme *influant sur la vie politique du pays*),
   - o différenciation sémantique entre adjectif verbal et relative (une plante *grimpante* – une rue *qui grimpe*),
   - o équivalences en français du participe allemand (*spielende* Kinder – des enfants *qui jouent*, *Fußball spielende* Kinder – des enfants *jouant au football*);
b) les différentes valeurs circonstancielles du participe présent et du gérondif ▶ 5–6.

H GE chap. 8; GhF chap. 18, 366–374

▶ 1 **Participe présent vs. adjectif verbal** [différences orthographiques]

Complétez en utilisant soit l'adjectif verbal soit le participe présent en veillant à d'éventuels changements orthographiques.

1. L'enquête (conclure) à l'acquittement du journaliste, a été menée tambour battant.
2. Ce journaliste vient de faire une analyse (conclure) de la situation politique.
3. L'émission politique d'hier soir à la télévision qui réunissait plusieurs personnalités (influer) de la majorité et de l'opposition, n'a pas été très (convaincre).
4. Cette candidate passe mal à la télévision, je la vois mal (convaincre) les électeurs de sa circonscription.
5. La directrice de notre service publicité est une femme (exiger).
6. Les techniciens (exiger) une augmentation que la direction leur refuse, on s'achemine immanquablement vers la grève.
7. La soirée était ennuyeuse: une émission politique (fatiguer), (précéder) une synthèse pas très (convaincre) de l'actualité littéraire.
8. Certaines émissions politiques (fatiguer) de plus en plus une partie des téléspectateurs, la direction de la chaîne a décidé de les supprimer.
9. Certaines maisons font une publicité (provoquer) à la radio; c'est par exemple le cas d'une marque d'apéritif; on entend en effet une voix de femme, nous (convaincre) d'acheter cette marque, en vanter les vertus quasiment aphrodisiaques. Une boisson apéritive (provoquer) les sentiments amoureux, on aura décidément tout vu!
10. Ses prises de position (différer) très souvent de celles de la rédaction du journal, le journaliste a préféré démissionner.
11. Interrogé par un journaliste, le porte-parole du gouvernement a donné une interprétation (différer) de l'événement.

1. *l'acquittement (m.)* der Freispruch
   mener une affaire tambour battant eine Sache im Eiltempo erledigen/abwickeln
4. *la circonscription* hier: der Wahlkreis
6. *s'acheminer vers qc* hier: sich zubewegen auf
   immanquablement unweigerlich
9. *la vertu* die Eigenschaft
   aphrodisiaque aphrodisisch, sexuell anregend
10. *démissionner* hier: kündigen

▶ 2 **Participe présent vs. adjectif verbal vs. proposition relative**

Indiquez les cas où l'on peut transformer la proposition relative en un participe présent ou en un adjectif verbal.

1. J'espère que tu as acheté cette fois une voiture (qui marche), et non pas un vieux tacot (qui ne veut jamais démarrer).

2. J'ai enfin une voiture (qui démarre), celle que j'avais avant refusait souvent de partir le matin.
3. L'accident a été provoqué par une voiture (qui roulait à toute vitesse sur les boulevards extérieurs).
4. Des chiens (qui aboient), des enfants (qui crient), des postes de télévision ou de radio (qui marchent à toutes les heures de la journée, voire même de la nuit et qu'on entend de partout), voilà ce qui t'attend si tu prends un appartement dans cet immeuble.
5. On a trouvé dans l'escalier un portefeuille (qui contient deux mille francs).
6. Les personnes (qui fument) sont priées d'éteindre leurs cigarettes.
7. Mon patron, c'est un homme (qui fume cigarette sur cigarette mais qui ne boit pas une seule goutte d'alcool).
8. Il hésita un peu, puis ouvrit le télégramme d'une main (qui tremblait).
9. Ma propriétaire n'est plus de la première jeunesse: elle a les mains (qui tremblent) et parle d'une voix (qui chevrote).
10. L'Assemblée a voté un projet de loi (qui porte sur la réforme de l'enseignement).
11. Le gouvernement a pris des mesures (qui visent à combattre le terrorisme).

1. *le tacot* etwa: Karren, Kiste (für Auto)
4. *aboyer* bellen
9. *d'une voix qui chevrote* mit zittriger Stimme

3 Adjectif verbal vs. proposition relative

Complétez en employant soit l'adjectif verbal soit la proposition relative en tenant compte des changements de sens.

Exemple:

une plante (*grimper*) – une plante *grimpante*
une rue (*grimper*) – une rue *qui grimpe*

1. J'aime être entourée de visages (rire).
2. «La Vache (rire)» est un fromage très connu.
3. En montagne il ne faut pas avoir de voiture (chauffer).
4. Prenez cette couverture (chauffer) car le chauffage est en panne.
5. Des grèves (tourner) paralysent le secteur automobile depuis plusieurs semaines.
6. Une présignalisation oblige les voitures (tourner) à prendre la file de droite.
7. L'architecte a prévu une porte (tourner) à l'entrée du bâtiment.
8. Le jeune couple (danser) attirait tous les regards.
9. Les Gainchet donnent une soirée (danser) la semaine prochaine.
10. On entend le bruit d'une voiture (passer).

11. La rue Saint-Michel est une rue (passer), il y a toujours un monde fou qui s'y promène.
12. Cette boisson (brûler) va vous réchauffer.
13. Il y a eu un attroupement devant la maison (brûler).
14. La bakélite est une variété de matière plastique (casser).
15. M. Bougon est du genre soupe au lait, sans aucune raison il vous répond sur un ton (casser).
16. Ton copain, il est vraiment ennuyeux. En plus c'est un type (coller).
17. Cette colle ne vaut vraiment rien, je voudrais en trouver une bonne, une (coller).
18. Des amis ont offert à ma fille une poupée (parler).
19. Un slogan de France Télécom: avec l'horloge (parler) vivez à l'heure exacte.

15. *être soupe au lait* aufbrausend sein

▶ 4 Participes allemands et leurs équivalents en français

Traduisez en rendant le participe allemand par un adjectif verbal, par une proposition relative ou par d'autres moyens.

1. Nach einer schweren Massenkarambolage versperrten mehrere brennende Autos die Landstraße. Es gab viele Verletzte. Am Straßenrand sah man Eltern, die ihre weinenden Kinder trösteten.
2. Die Regierung will Maßnahmen gegen die wachsende Anzahl von Unfällen im Straßenverkehr ergreifen.
3. Wegen der sinkenden Temperaturen besteht Glatteisgefahr auf den Straßen.
4. Spielende Kinder sind häufig unüberlegt und können eine Gefahr für die Autofahrer darstellen.
5. Parkende Autos behinderten den Verkehr auf der Hauptstraße.
6. Während der Sommermonate kommt es in Südfrankreich leider immer noch zu häufig vor, daß Autofahrer ihre noch brennenden Zigarettenkippen aus dem Auto werfen.
7. Die steigenden Benzinpreise verärgern die Autofahrer immer mehr.
8. Wenn man zu den Hauptverkehrszeiten die Metro benutzt, trifft man überall rennende und hastende Menschen.
9. Es ist gefährlich, auf einen fahrenden Zug aufzuspringen.

1. die Massenkarambolage *le carambolage*
   jn trösten *consoler qn*
4. unüberlegt *inconscient, ente*
   der Autofahrer *l'automobiliste (m.)*
6. die Zigarettenkippe *le mégot*

5 Participe présent, gérondif et propositions circonstancielles

Transformez les participes et les gérondifs en une proposition circonstancielle ayant un sens équivalent.

1. Je suis allé au stade pensant que je t'y rencontrerais.
2. En ouvrant la porte de la maison, j'ai senti une odeur de frites.
3. En admettant qu'une dactylo puisse travailler sans arrêt, elle ne peut tout de même pas travailler huit heures d'affilée.
4. Ayant terminé mon travail, je pouvais aller me promener.
5. En montant dans le train, je me suis aperçu que j'avais oublié de composter mon billet.
6. Tout en étant en colère contre moi, elle ne m'a rien dit.
7. En prenant l'avion, vous gagnerez au moins quatre heures sur le train.
8. Les vacances de Pâques étant tard cette année, je n'irai pas faire du ski dans le Massif Central.
9. En passant par Paris, vous faites un détour, mais vous avez l'autoroute.
10. Il a agi ainsi en sachant qu'il était en tort.
11. Je prendrai l'apéritif tout en préparant le plat de hors-d'œuvre.
12. Votre demande nous étant parvenue trop tard, nous ne pouvons en tenir compte.

3. *d'affilée* ununterbrochen
5. *composter un billet* einen Fahrschein entwerten

Chapitre 14
L'emploi des temps verbaux dans le texte

Présentation générale

Dans une perspective didactique, il y a avantage à situer la description des temps verbaux dans un cadre qui permette de mettre en évidence leur fonctionnement à l'intérieur du texte. Un tel cadre textuel et pragmatique nous est fourni par la théorie d'E. Benveniste. Dans un article bien connu (*Les relations de temps dans le verbe français,* in: Problèmes de linguistique générale 1, Paris: Gallimard 1966, 237–250), celui-ci propose une description des temps verbaux du français où il distingue deux ensembles de formes correspondant à deux types d'énonciation complémentaires: *le discours* et *le récit*. Selon Benveniste on peut envisager la répartition suivante des principaux temps verbaux du français:

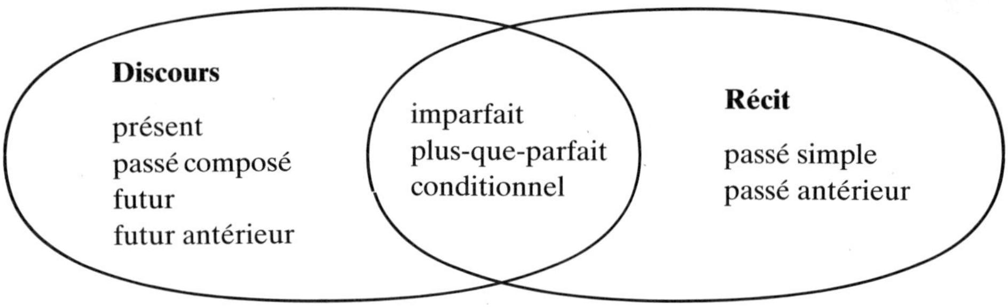

Cette répartition permet donc de parler de deux ensembles groupés d'une part autour du *présent* et du *passé composé* et d'autre part autour du *passé simple*, l'imparfait, le conditionnel et le plus-que-parfait appartenant aux deux ensembles. Ce qui distingue ces deux types d'énonciation – le discours et le récit – c'est que le premier se rapporte directement aux données de la situation de communication, alors que le second en est totalement coupé.

Discours		**Récit**
Extrait d'une conversation téléphonique – *Tu viens* faire une promenade avec *moi*? – Non, *je* n'*ai* malheureusement pas le temps en ce moment. Hier, *je* n'*avais* aucune envie de travailler. *J'ai passé* la journée à lire et à écouter des disques. Aujourd'hui, il faut donc que *je rattrape* le temps perdu. – *On peut* se voir demain? – Oui, pourquoi pas? *Nous pourrons* faire un petit tour en voiture. Si *tu veux, on ira* voir un ami qui *m'a invité* récemment.		*Extrait d'une Histoire de la littérature française* Molière *naquit* en 1622 à Paris. *Il semblait* destiné à prendre la succession de son père, marchand tapissier, fournisseur du roi. Cependant *il fut mis* au collège de Clermont qui *était* le collège élégant de l'époque. (...) Plus tard *il fit* son droit, *passa* avec succès ses licences à Orléans. En même temps, *il prêtait* un serment pour la charge de valet de chambre de Sa Majesté. (...) Mais le sort en *décida* autrement.
Temps principaux: Présent, Passé composé, Imparfait, Futur	⟷	Temps principaux: Passé simple, Imparfait
Pronoms personnels qui se rapportent aux interlocuteurs: *je, tu, on, nous ...*	⟷	Pronoms personnels de la troisième personne
Indications temporelles qui se rapportent au moment d'énonciation (Sprechzeitpunkt): *aujourd'hui, hier, demain ...*	⟷	Indications temporelles qui ne se rapportent pas au moment d'énonciation: *en 1622, en même temps, plus tard.*

D'après cette caractérisation, on comprend que la majorité des textes écrits relèvent du discours, tandis que le récit ne couvre qu'une partie des textes narratifs écrits.

Les exercices suivants sont conçus en fonction de cette distinction entre discours et récit. Sont présentés d'abord des textes qui appartiennent au discours ▶ 1–7, ensuite des textes qui relèvent du récit ▶ 8–12 et après, des textes dans lesquels il y a alternance entre discours et récit ▶ 15–17. L'accent est mis dans la grande majorité des exercices sur l'étude des temps du passé.

H GE chap. 3; GhF chap. 19

Les temps du discours [▸ 1–7]

▸ 1 Passé composé vs. imparfait

Remplacez les infinitifs en italique par les formes demandées par le contexte.

Je *monter* dans l'autobus de la porte Champerret. Il y *avoir* beaucoup de monde, des jeunes, des vieux, des femmes, des militaires. Je *payer* ma place et puis je *regarder* autour de moi. Ce ne *être* pas très intéressant. Je *finir* par regarder un jeune homme dont le cou *être* trop long. Je *examiner* son chapeau et je *s'apercevoir* qu'au lieu d'un ruban il y *avoir* un galon tressé. Puis de nouveaux voyageurs *monter*. Il y *avoir* de la bousculade. Je ne *dire* rien, mais le jeune homme au long cou *interpeller* son voisin. Je ne *entendre* pas ce qu'il lui *dire* mais ils se *regarder* d'un sale œil. Alors, le jeune homme au long cou *aller* s'asseoir précipitamment.
Quand je *revenir* de la porte Champerret, je *passer* devant la gare Saint-Lazare. Je *voir* mon type qui *discuter* avec un copain. Celui-ci *désigner* du doigt un bouton juste au-dessus de l'échancrure du pardessus. Puis l'autobus me *emmener* et je ne les *voir* plus.

(D'après R. Queneau: Exercices de style. Paris: Gallimard 1947, 56–57)

le galon tressé	die Tresse	*l'échancrure (f.)*	der Ausschnitt
la bousculade	das Gedränge		

▸ 2 Passé composé vs. imparfait

Remplacez les infinitifs en italique par les formes demandées par le contexte. [Les chiffres renvoient aux solutions]

Je *passer*[1] les épreuves pratiques du CAPES dans un lycée de Lyon, à la Croix-Rousse. Un lycée neuf, avec des plantes vertes dans la partie réservée à l'administration et au corps enseignant, une bibliothèque au sol en moquette sable. Je *attendre*[2] là qu'on vienne me chercher pour faire mon cours, objet de l'épreuve, devant l'inspecteur et deux assesseurs, des profs de lettres très confirmés. Une femme *corriger*[3] des copies avec hauteur, sans hésiter. Il *suffir*[4] de franchir correctement l'heure suivante pour être autorisée à faire comme elle toute ma vie. Devant une classe de première, des matheux, je *expliquer*[5] vingt-cinq lignes – il *falloir*[6] les numéroter – du *«Père Goriot»* de Balzac. «Vous les *traîner*[7], vos élèves», me *reprocher*[8] l'inspecteur ensuite, dans le bureau du proviseur. Il *être assis*[9] entre les deux assesseurs, un homme et une femme myope avec des chaussures roses. Moi en face. Pendant un quart d'heure, il *mélanger*[10] critiques, éloges, conseils, et je *écouter*[11] à peine, me demandant si tout cela *signifier*[12] que je *être reçu*[13]. D'un seul coup, d'un même

élan, ils *se lever*[14] tous trois, l'air grave. Je *se lever*[15] aussi, précipitamment. L'inspecteur me *tendre*[16] la main. Puis, en me regardant bien en face: «Madame, je vous félicite.» Les autres *répéter*[17] «je vous félicite» et me *serrer*[18] la main, mais la femme avec un sourire.
Je ne *cesser*[19] pas de penser à cette cérémonie jusqu'à l'arrêt de bus, avec colère et une espèce de honte. Le soir même, je *écrire*[20] à mes parents que je *être*[21] professeur «titulaire». Ma mère me *répondre*[22] qu'ils *être*[23] très contents pour moi.
Mon père *mourir*[24] deux mois après, jour pour jour. Il *avoir*[25] soixante-sept ans et *tenir*[26] avec ma mère un café-alimentation dans un quartier tranquille non loin de la gare, à Y ... (Seine-Maritime). Il *compter*[27] se retirer dans un an. Souvent, durant quelques secondes, je ne sais plus si la scène du lycée de Lyon *avoir lieu*[28] avant ou après, si le mois d'avril venteux où je me vois attendre un bus à la Croix-Rousse doit précéder ou suivre le mois de juin étouffant de sa mort.
Ce *être*[29] un dimanche, au début de l'après-midi.

(Annie Ernaux: La Place. Paris: Gallimard 1983, 11–13)

CAPES = *Certificat d'aptitude pédagogique à l'enseignement secondaire* (etwa: 2. Staatsexamen)
la maquette der Teppichboden
confirmé, ée erfahren
le proviseur Leiter eines *lycée*
myope kurzsichtig
le professeur titulaire ins Beamtenverhältnis übernommener Lehrer

3 Passé composé vs. imparfait

Traduisez.

Lang nach Mitternacht kam ich zu Fuß ins Hotel zurück. Ich ließ mir noch vom Nachtportier die Zugkarte nach Philadelphia geben, dann setzte ich mich in die Bar, die BLUE BAR hieß, und trank Kentucky Whisky, langsam, ohne betrunken zu werden. Ich nahm mir von einem Tisch Ansichtskarten von dem Hotel und schrieb vielen Leuten. (...) Von einem Automaten im Hotelvorraum holte ich Briefmarken und warf die Karten gleich in den Hotelbriefkasten. Ich ging in die Bar zurück, saß in einem breiten Ledersessel, mit dem ich mich herumdrehen konnte, und hielt das Glas vor mir auf der flachen Hand. Manchmal beugte ich mich dazu und trank einen kleinen Schluck. Der Barmann kam her und stellte den Aschenbecher auf einen anderen Tisch, wo eine alte Frau saß, die ab und zu kicherte. Dann zog sie jedesmal ein Notizbuch aus ihrem Rüschenbeutel und schrieb mit einem kleinen silbernen Kugelschreiber etwas hinein. Schließlich wurde ich zum zweiten Mal in dieser Nacht müde, nahm mir noch eine Ansichtskarte von dem Stapel und ging zu Fuß zu meinem Zimmer hinauf.

(Peter Handke: Der kurze Brief zum langen Abschied. Frankfurt/M.: Suhrkamp 1972, 49)

der Automat *le distributeur*
der Hotelvorraum *le hall de l'hôtel*
sich herumdrehen *tourner sur soi-même*
einen kleinen Schluck trinken *boire une petite gorgée*
der Barmann *le barman*
kichern *ricaner/rire bêtement*
das Notizbuch *le carnet/le calepin/l'agenda (m.)*
der Rüschenbeutel *le sac ruché*
der Stapel *le tas/la pile*

4 Passé composé vs. imparfait vs. plus-que-parfait

Remplacez les infinitifs en italique par les formes demandées par le contexte. [Les chiffres renvoient aux solutions]

Courage!

Le voyage en train *se passer*[1] très bien; ça prend toute une nuit pour arriver où nous allons. Dans le compartiment où nous *être*[2], notre chef d'équipe, qui s'appelle Gérard Lestouffe et qui est très chouette, nous *dire*[3] de dormir et d'être sages pour arriver bien reposés au camp, demain matin. Il a bien raison. Je dis notre chef d'équipe, parce qu'on nous *expliquer*[4] que nous serions des équipes de douze, avec un chef. Notre équipe s'appelle l'équipe «Œil-de-Lynx», et notre chef nous *dire*[5] que notre cri de ralliement c'est: «Courage!»
Bien sûr, on ne *pouvoir*[6] pas beaucoup dormir. Il y en *avoir*[7] un qui *pleurer*[8] tout le temps et qui *dire*[9] qu'il *vouloir*[10] rentrer chez son papa et sa maman. Alors, un autre *rigoler*[11] et lui *dire*[12] qu'il ne *être*[13] qu'une fille. Alors, celui qui *pleurer*[14] lui *donner*[15] une baffe et ils *se mettre*[16] à pleurer à deux, surtout quand le chef leur *dire*[17] qu'il *aller*[18] les faire voyager debout dans le couloir s'ils *continuer*[19]. Et puis, aussi, le premier qui *commencer*[20] à sortir des provisions de sa valise *donner*[21] faim à tout le monde, et on *se mettre*[22] tous à manger. Et de mâcher ça empêche de dormir, surtout les biscottes, à cause du bruit et des miettes. Et puis les types *commencer*[23] à aller au bout du wagon, et il y en a un qui ne *revenir*[24] pas et le chef *aller*[25] le chercher. La porte des toilettes *se coincer*[26] et il *falloir*[27] appeler le monsieur qui contrôle les billets pour ouvrir la porte, et tout le monde *s'énerver*[28] parce que le type qui *être*[29] dedans *pleurer*[30] et *crier*[31] qu'il *avoir*[32] peur, et qu'est-ce qu'il *aller*[33] faire si on *arriver*[34] dans une gare, parce que ce *être*[35] écrit qu'il *être*[36] interdit d'être là-dedans quand le train *être*[37] dans une gare.
Et puis, quand le type *sortir*[38], en nous disant qu'il *rigoler*[39] bien, le chef nous *dire*[40] de revenir tous dans le compartiment, et ça *être*[41] toute une histoire pour retrouver le bon compartiment, parce que comme tous les types *sortir*[42] de leurs compartiments, plus personne ne *savoir*[43] quel *être*[44] son compartiment, et tout le monde *courir*[45] et *ouvrir*[46] des portes. Et un monsieur *sortir*[47] sa tête toute rouge d'un compartiment et il *dire*[48] que si on ne *arrêter*[49] pas ce vacarme, il *aller*[50] se plaindre à la S.N.C.F., où il *avoir*[51] un ami qui *travailler*[52] dans une situation drôlement haute.
On *se relayer*[53] pour dormir, et le matin nous *arriver*[54] à Plage-les-Trous, où des cars nous

attendre[55] pour nous conduire au camp. Notre chef, il est terrible, ne *avoir*[56] pas l'air trop fatigué. Pourtant, il *passer*[57] la nuit à courir dans le couloir, à faire ouvrir trois fois la porte du bout du wagon; deux fois pour faire sortir des types qui y *être*[58] coincés et une fois pour le monsieur qui *avoir*[59] un ami à la S.N.C.F., et qui *donner*[60] sa carte de visite à notre chef, pour le remercier.
Dans le car, alors qu'on *crier*[61] tous, le chef nous *dire*[62] qu'au lieu de crier, on ferait mieux de chanter. Et il nous *faire*[63] chanter des chouettes chansons, une où ça parle d'un chalet, là-haut sur la montagne, et l'autre où on dit qu'il y a des cailloux sur toutes les routes. Et puis après, le chef nous *dire*[64] qu'au fond il *préférer*[65] qu'on se remette à crier, et puis nous *arriver*[66] au camp.

Là, je *être*[67] un peu déçu. Le camp est joli, bien sûr: il y a des arbres, il y a des fleurs, mais il n'y a pas de tentes. On va coucher dans des maisons en bois, et c'est dommage, parce que moi je *croire*[68] qu'on *aller*[69] vivre dans des tentes, comme des Indiens, et ça aurait été plus rigolo. On nous *emmener*[70] au milieu du camp, où nous *attendre*[71] deux messieurs. L'un avec pas de cheveux et l'autre avec des lunettes, mais tous les deux avec des shorts. Le monsieur avec pas de cheveux nous *dire*[72]:

– Mes enfants, je suis heureux de vous accueillir dans le Camp Bleu, où je suis sûr que vous passerez d'excellentes vacances. Je suis M. Rateau, le chef du camp, et ici je vous présente M. Genou, notre économe. Je compte sur vous pour obéir à ces grands frères que sont vos chefs d'équipe, et qui vous conduiront maintenant à vos baraques respectives. Et dans dix minutes, rassemblement pour aller à la plage, pour votre première baignade.
Et puis quelqu'un *crier*[73]: «Pour le Camp Bleu, hip hip!» et des tas de types *répondre*[74] «Hourra». Trois fois comme ça. Très rigolo. Notre chef nous *emmener*[75], les douze de l'équipe Œil-de-Lynx, notre équipe, jusqu'à notre baraque. Il nous *dire*[76] de choisir nos lits, de nous installer et de mettre nos slips de bain, qu'il viendrait nous chercher dans huit minutes.

– Bon, *dire*[77] un grand type, moi je prends le lit près de la porte.
– Et pourquoi, je vous prie? *demander*[78] un autre type.
– Parce que je le *voir*[79] le premier et parce que je suis le plus fort de tous, voilà pourquoi, *répondre*[80] le grand type.

– Non, monsieur; non, monsieur! *chanter*[81] un autre type. Le lit près de la porte, il est à moi! J'y suis déjà!

– Moi aussi, j'y suis déjà! *crier*[82] deux autres types.
Nous *être*[83] huit sur le lit et on *aller*[84] commencer à se donner quelques gifles quand notre chef *entrer*[85], en slip de bain, avec des tas de muscles partout.
– Alors? il *demander*[86]. Qu'est-ce que ça veut dire? Vous n'êtes pas encore en slip? Vous faites plus de bruit que ceux de toutes les autres baraques réunis. Dépêchez-vous!
– C'est à cause de mon lit ... *commencer*[87] à expliquer le grand type.
– Nous nous occuperons des lits plus tard, *dire*[88] le chef; maintenant, mettez vos slips. On n'attend plus que nous pour le rassemblement!

– Moi je veux pas me déshabiller devant tout le monde! *dire*[89] un type, et il *se mettre*[90] à pleurer.
– Allons, allons, *dire*[91] le chef. Voyons, Paulin, souviens-toi du cri de ralliement de notre équipe: «Courage!» Et puis, tu es un homme maintenant, tu n'es plus un gamin.
– Si! Je suis un gamin! Je suis un gamin! Je suis un gamin! *dire*[92] Paulin, et il *se rouler*[93] par terre en pleurant.
– Chef, je *dire*[94], je peux pas me mettre en slip, parce que mon papa et ma maman *oublier*[95] de me donner ma valise à la gare.
Le chef *se frotter*[96] les joues avec les deux mains et puis il *dire*[97] qu'il y aurait sûrement un camarade qui me prêterait un slip.
– Non monsieur, *dire*[98] un type. Ma maman me *dire*[99] qu'il ne *falloir*[100] pas prêter mes affaires. (...)
– Chef! chef! *crier*[101] un type. Toute la confiture *se renverser*[102] dans ma valise. Qu'est-ce que je fais?
Et puis on *voir*[103] que le chef ne *être*[104] plus avec nous dans la baraque.
Quand nous *sortir*[105], nous *être*[106] tous en slip; un chouette type qui s'appelle Bertin m'en *prêter*[107] un; nous *être*[108] les derniers au rassemblement. Ce *être*[109] drôle à voir, parce que tout le monde *être*[110] en slip.
Le seul qui ne *être*[111] pas en slip, ce *être*[112] notre chef. Il *être*[113] en costume, avec un veston, une cravate et une valise. M. Rateau *être*[114] en train de lui parler, et il lui *dire*[115]:
– Revenez sur votre décision, mon petit; je suis sûr que vous saurez les reprendre en main. Courage!

(D'après Sempé/Goscinny: Les vacances du petit Nicolas. Paris: Gallimard/Denoël, 1983, 41–42)

chouette toll
le ralliement das Sammeln (von Truppen etc.)
la baffe die Ohrfeige
le vacarme der Lärm, das Getöse
drôlement hier: sehr
se relayer sich ablösen
rigolo lustig
l'économe (m.) hier: für die Versorgung zuständige Person
le gamin der Junge

5 Passé composé vs. imparfait vs. plus-que-parfait

Remplacez les infinitifs en italique par les formes demandées par le contexte.

Un dimanche après la messe, je *avoir* douze ans, avec mon père je *monter* le grand escalier de la mairie. On *chercher* la porte de la bibliothèque municipale. Jamais nous n'y *aller*. Je m'en *faire* une fête. On n'*entendre* aucun bruit derrière la porte. Mon père la *pousser*, toutefois. C'*être* silencieux, plus encore qu'à l'église, le parquet *craquer* et surtout cette odeur étrange, vieille. Deux hommes nous *regarder* venir depuis un comptoir très haut barrant l'accès aux rayons. Mon père me *laisser* demander: «On voudrait emprunter des livres.» L'un des hommes aussitôt: «Qu'est-ce que vous voulez comme livres?» A la maison, on ne *penser* pas qu'il *falloir* savoir d'avance ce qu'on *vouloir*, être capable de citer des titres aussi facilement que des marques de biscuits. On *choisir* à notre place, Colomba pour moi, un roman léger de Maupassant pour mon père. Nous ne *retourner* pas à la bibliothèque. C'est ma mère qui *devoir* rendre les livres, peut-être, avec du retard.

(Annie Ernaux: La Place. Paris: Gallimard 1983, 112–113)

le comptoir die (Verbuchungs-)Theke

6 Passé composé vs. imparfait vs. plus-que-parfait

Traduisez.

Günther war eingeschlafen. Ich ging in mein Zimmer und warf den Pelz aufs Bett. Ich machte nicht viel Licht, ich scheute mich vor der Helle. Mein Taschentuch war ganz naß, ich tat es in den Wäschepuff und nahm mir ein neues aus dem Schrank. Dann ging ich ins Badezimmer, dort mußte ich Licht über dem Waschtisch machen, und sah in den Spiegel. Ich sah ganz verweint aus, jeder konnte es sehen. Ich wusch mir die Augen mit heißem und mit kaltem Wasser. Dann machte ich mir das Gesicht wieder etwas zurecht. Ich war noch nicht alt, meine Haut war noch viel besser als bei den meisten Frauen, obwohl ich gar nicht soviel dafür tat. Aber man konnte immer noch sehen, daß ich geweint hatte. Doch vielleicht nur, wenn man ganz nah stand, wie ich vor dem Spiegel. Ich machte das Licht schnell wieder aus (...) Ich hatte auch Kopfschmerzen, das kam sicher von den Cocktails. Oder vom Weinen.

(Hans Erich Nossack: Spätestens im November. Reinbek: Rowohlt 1968, rororo 1082, 35)

der Pelz *la fourrure*
wenig Licht machen *ne pas faire beaucoup de lumière/ne pas allumer beaucoup de lampes*
sich scheuen vor *avoir peur de*
naß *trempé, ée*
der Wäschepuff *le panier/le sac à linge*
der Waschtisch *le lavabo*
ich sah ganz verweint aus *traduire par:* man sah, daß ich geweint hatte
sich das Gesicht wieder zurecht machen *se remaquiller/refaire son maquillage*

▶ 7 Présent vs. futur simple, passé composé vs. futur antérieur

Traduisez.

1. Heute hat es zwar den ganzen Tag geregnet, aber Sie werden sehen, morgen ist es schön.
2. Wir fahren nun endgültig morgen früh und sind, wenn alles gutgeht, abends schon an unserem Reiseziel.
3. Der Zug hatte schon in Köln eine halbe Stunde Verspätung; wenn wir jetzt noch an der Grenze aufgehalten werden, bekommen wir in Paris den Anschlußzug nach Nizza nicht mehr.
4. Wenn mein Sohn das Abitur gemacht hat, will er Jura studieren. Ich bin sicher, daß er es schafft, wenn er sich anstrengt.
5. Der Sohn unserer Nachbarn studiert Physik; er gibt sich große Mühe, aber er schafft es nicht.
6. Wenn mein Bruder seine Prüfung gemacht hat, fährt er mit Freunden für drei Monate nach Italien. Er weiß noch nicht genau, was er dann tun wird.
7. Wenn bis morgen das Fieber nicht zurückgegangen ist, müssen wir einen Arzt kommen lassen.
8. Wenn Sie Grippe haben, nehmen Sie Aspirin; Sie werden sehen, sobald Sie eine Tablette genommen haben, verschwinden Ihre Kopfschmerzen.
9. Mein Mann kann keine Schmerzen ertragen. Sobald er leichte Zahnschmerzen verspürt, nimmt er ein Aspirin.
10. Wir hoffen, daß Sie bald wieder gesund sind.
11. Die Sache eilt nicht; Sie können die Arbeit erledigen, wenn Sie Zeit haben.
12. Er übt eine Tätigkeit aus, die es ihm erlaubt, seine Arbeit dann zu tun, wenn er Lust dazu hat.
13. Herr Durand weiß noch nicht, ob er heute nachmittag Zeit hat, vorbeizukommen.
14. Ich bin gestern spät nach Hause gekommen und weiß nicht, ob ich heute abend Lust habe, mit euch ins Kino zu gehen; außerdem weiß ich nicht, ob es sich lohnt, den Film zu sehen.
15. Das Buch ist zwar im Katalog angekündigt, erscheint aber nicht vor Ende des Jahres.
16. Sie sollten über das Buch erst dann urteilen, wenn Sie es gelesen haben.

2. an seinem Reiseziel ankommen *arriver à destination*
3. den Anschluß nach … bekommen *avoir la correspondance pour …*
4. Jura studieren *faire des études de droit*
11. es eilt *ça presse*

Les temps du récit [▶ 8–12]

▶ 8 Passé simple vs. imparfait

Remplacez les infinitifs en italique par les formes demandées par le contexte. [Les chiffres renvoient aux solutions]

Sara *se lever*[1] tard. Il *être*[2] un peu plus de dix heures. La chaleur *être*[3] là, égale à elle-même. Il *falloir*[4] toujours quelques secondes chaque matin pour se souvenir qu'on *être*[5] là pour passer des vacances. Jacques *dormir*[6] toujours, la bonne aussi. Sara *aller*[7] dans la cuisine, *avaler*[8] un bol de café froid et *sortir*[9] sur la véranda. L'enfant *se lever*[10] toujours le premier. Il *être assis*[11] complètement nu sur les marches de la véranda, en train de surveiller à la fois la circulation des lézards dans le jardin et celle des barques sur le fleuve.
– Je voudrais aller dans le bateau à moteur, *dire*[12] il en voyant Sara.
Sara le lui *promettre*[13]. L'homme qui *avoir*[14] un bateau à moteur, celui dont *parler*[15] l'enfant, n'était arrivé que depuis trois jours et personne ne le *connaître*[16] très bien. Néanmoins Sara *promettre*[17] à son enfant de le faire monter dans ce bateau. Puis elle *aller chercher*[18] deux brocs d'eau dans la salle de bains et elle le *doucher*[19] longuement. Il avait un peu maigri et il *avoir l'air*[20] fatigué. Les nuits ne *reposer*[21] personne, pas même les enfants. Les premiers brocs vidés, il en *réclamer*[22] d'autres, puis encore d'autres. Elle *aller*[23] les chercher. Il *rire*[24] sous l'eau fraîche, ressuscité. Une fois que ce *être*[25] fait, Sara *vouloir*[26] le faire déjeuner. Ici les enfants ne *être*[27] jamais très pressés de manger. Celui-ci *aimer*[28] le lait et le lait, ici, *tourner*[29] dès huit heures du matin. Sara *faire*[30] du thé léger et l'enfant le *boire*[31] machinalement. Il *refuser*[32] de manger quoi que ce soit et *se remettre*[33] à son guet des barques et des lézards. Sara *rester*[34] un moment à côté de lui, puis elle *se décider*[35] à aller réveiller la bonne. La bonne *grogner*[36], sans bouger. Cela *s'expliquer*[37] comme le reste, à cause de la chaleur, et Sara ne *insister*[38] pas plus que pour faire manger l'enfant. Elle *se doucher*[39], *s'habiller*[40] d'un short et d'une chemisette puis, comme ils *être*[41] en vacances, elle ne *avoir*[42] rien d'autre à faire que d'attendre, assise à côté de l'enfant sur les marches de la véranda, l'arrivée de leur ami Ludi.
Le fleuve *couler*[43] à quelques mètres de la villa, large, décoloré. Le chemin le *longer*[44] jusqu'à la mer qui *s'étaler*[45] huileuse et grise, au loin, dans une brume couleur de lait. La seule chose belle, dans cet endroit, ce *être*[46] le fleuve. L'endroit par lui-même, non. Ils y étaient venus passer leurs vacances à cause de Ludi qui lui, le *aimer*[47]. Ce *être*[48] un petit village au bord de la mer, de la vieille mer occidentale la plus fermée, la plus torride, la plus chargée d'histoires qui soit au monde et sur les bords de laquelle la guerre *venir*[49] encore de passer.

(Marguerite Duras: Les Petits Chevaux de Tarquinia. Paris: Gallimard 1953, 7–8)

le lézard die Eidechse
le broc der Krug, die Kanne
tourner sauer werden
se mettre au guet de qc hier: etw. beobachten

▶ 9 Passé simple vs. imparfait vs. plus-que-parfait

Remplacez les infinitifs en italique par les formes demandées par le contexte. [Les chiffres renvoient aux solutions]

Camus a conçu et composé *La mort heureuse* de 1936 à 1938. Cet ouvrage est une préfiguration de *L'Etranger* écrit en 1942. Le texte ci-dessous est le premier chapitre de la première partie intitulée *Mort naturelle* et a pour nœud le meurtre de l'infirme Roland Zagreus par le petit employé Patrice Mersault.

Il *être*[1] dix heures du matin et Patrice Mersault *marcher*[2] d'un pas régulier vers la villa de Zagreus. A cette heure, la garde *sortir*[3] pour le marché et la villa *être*[4] déserte. On *être*[5] en avril et il *faire*[6] une belle matinée de printemps étincelante et froide, d'un bleu pur et glacé, avec un grand soleil éblouissant mais sans chaleur. (...) La route *être*[7] déserte. Elle *monter*[8] un peu. Mersault *avoir*[9] une valise à la main (...).
Un peu avant la villa, la route *déboucher*[10] sur une petite place garnie de bancs et de jardins. De précoces géraniums rouges parmi des aloès gris, le bleu ciel et les murs de clôture blanchis à la chaux, tout cela *être*[11] si frais et si enfantin que Mersault *s'arrêter*[12] un moment avant de reprendre le chemin qui de la place *descendre*[13] vers la villa de Zagreus. Devant le seuil il *s'arrêter*[14] et *mettre*[15] ses gants. Il *ouvrir*[16] la porte que l'infirme *faire*[17] tenir ouverte et la *refermer*[18] naturellement. Il *s'avancer*[19] dans le couloir et, parvenu devant la troisième porte à gauche, il *frapper*[20] et *entrer*[21]. Zagreus était bien là, dans un fauteuil, (...), près de la cheminée, à la place exacte que Mersault *occuper*[22] deux jours auparavant. Il *lire*[23], et son livre *reposer*[24] sur ses couvertures tandis qu'il *fixer*[25] de ses yeux ronds, où ne *se lire*[26] aucune surprise, Mersault maintenant arrêté près de la porte refermée. Les rideaux des fenêtres *être tirés*[27] et il y *avoir*[28] par terre, sur les meubles, au coin des objets, des flaques de soleil. (...) Mersault *s'arrêter*[29], saisi à la gorge et aux oreilles par la chaleur étouffante de la pièce. Malgré le changement du temps, Zagreus *allumer*[30] un grand feu. Et Mersault *sentir*[31] son sang monter aux tempes et battre l'extrémité de ses oreilles. L'autre, toujours silencieux, le *suivre*[32] des yeux. Patrice *marcher*[33] vers le bahut de l'autre côté de la cheminée et sans regarder l'infirme, *déposer*[34] sa valise sur la table. Arrivé là, il *sentir*[35] un tremblement imperceptible dans ses chevilles. Il *s'arrêter*[36] et *mettre*[37] à sa bouche une cigarette qu'il *allumer*[38] maladroitement à cause de ses mains gantées. Un petit bruit derrière lui. La cigarette aux lèvres, il *se retourner*[39]. Zagreus le *regarder*[40] toujours, mais *venir*[41] de fermer son livre. Mersault, pendant qu'il *sentir*[42] le feu chauffer ses genoux jusqu'à la douleur, *lire*[43] le titre à l'envers: «L'Homme de cour» de Baltasar Gracián. Il *se pencher*[44] sans hésiter vers le bahut et le *ouvrir*[45]. Noir sur blanc, le revolver *luire*[46] de toutes ses courbes, comme un chat soigné, et il *maintenir*[47] toujours la lettre de Zagreus. Mersault *prendre*[48] celle-ci dans sa main gauche et le revolver de la droite. Après une hésitation, il *faire*[49] passer l'arme sous son bras gauche et *ouvrir*[50] la lettre. Elle *contenir*[51] une seule feuille de papier grand format couverte sur quelques lignes seulement de la grande écriture anguleuse de Zagreus:

«Je ne supprime qu'une moitié d'homme. On voudra bien ne pas m'en tenir rigueur et trouver dans mon petit bahut beaucoup plus qu'il ne faut pour désintéresser ceux qui m'ont servi jusqu'ici. Pour le surcroît, j'ai le désir qu'il soit consacré à l'amélioration du régime des condamnés à mort. Mais j'ai conscience que c'est beaucoup demander.»
Mersault, le visage fermé, *replier*[52] la lettre et à ce moment la fumée de sa cigarette *venir*[53] piquer ses yeux tandis qu'un peu de cendre *tomber*[54] sur l'enveloppe. Il *secouer*[55] le papier, le *poser*[56] bien en vue sur la table et *se tourner*[57] vers Zagreus. Celui-ci *regarder*[58] maintenant l'enveloppe, et ses mains, courtes et musclées, *demeurer*[59] autour du livre. Mersault *se pencher*[60], *tourner*[61] la clef du coffre, *prendre*[62] les liasses dont on *voir*[63] seulement la tranche à travers leur enveloppe de papier journal. Son arme sous le bras il en *emplir*[64] régulièrement sa valise d'une seule main. Il y *avoir*[65] là moins d'une vingtaine de paquets de cent et Mersault *comprendre*[66] qu'il *prendre*[67] une valise trop grande. Il *laisser*[68] dans le coffre une liasse de cent billets. La valise fermée, il *jeter*[69] sa cigarette à demi consumée dans le feu et, prenant le revolver dans sa main droite, *s'approcher*[70] de l'infirme.
Zagreus maintenant *regarder*[71] la fenêtre. On *entendre*[72] une auto passer lentement devant la porte. Zagreus, sans bouger, *sembler*[73] contempler toute l'inhumaine beauté de ce matin d'avril. Lorsqu'il *sentir*[74] le canon du revolver sur sa tempe droite, il ne *détourner*[75] pas les yeux. Mais Patrice qui le *regarder*[76] *voir*[77] son regard s'emplir de larmes. Ce *être*[78] lui qui *fermer*[79] les yeux. Il *faire*[80] un pas en arrière et *tirer*[81]. Un moment appuyé contre le mur, les yeux toujours fermés, il *sentir*[82] son sang battre encore à ses oreilles. Il *regarder*[83]. La tête *se rejeter*[84] sur l'épaule gauche, le corps à peine dévié. Si bien qu'on ne *voir*[85] plus Zagreus, mais seulement une énorme plaie dans son relief de cervelle, d'os et de sang. Mersault *se mettre*[86] à trembler. Il *passer*[87] de l'autre côté du fauteuil, *prendre*[88] à tâtons la main droite, lui *faire*[89] saisir le revolver, la *porter*[90] à hauteur de la tempe et la *laisser*[91] retomber. Le revolver *tomber*[92] sur le bras du fauteuil et de là sur les genoux de Zagreus. Dans ce mouvement Mersault *apercevoir*[93] la bouche et le menton de l'infirme. Il *avoir*[94] la même expression sérieuse et triste que lorsqu'il *regarder*[95] la fenêtre. A ce moment, une trompette aiguë *résonner*[96] devant la porte. Une seconde fois, l'appel irréel *se faire*[97] entendre. Mersault toujours penché sur le fauteuil ne *bouger*[98] pas. Un roulement de voiture *annoncer*[99] le départ du boucher. Mersault *prendre*[100] sa valise, *ouvrir*[101] la porte dont le loquet *luire*[102] sous un rayon de soleil et *sortir*[103] la tête battante et la langue sèche. Il *franchir*[104] la porte d'entrée et *partir*[105] d'un grand pas. Il n'y *avoir*[106] personne, sinon un groupe d'enfants à une extrémité de la petite place. Il *s'éloigner*[107]. En arrivant sur la place, il *prendre*[108] soudain conscience du froid et *frissonner*[109] sous son léger veston. Il *éternuer*[110] deux fois et le vallon *s'emplir*[111] de clairs échos moqueurs. Un peu vacillant, il *s'arrêter*[112] cependant et *respirer*[113] fortement. Du ciel bleu *descendre*[114] des millions de petits sourires blancs. Ils *jouer*[115] sur les feuilles encore pleines de pluie, sur le tuf humide des allées, *voler*[116] vers les maisons aux tuiles de sang frais et *remonter*[117] à tire-d'aile vers les lacs d'air et de soleil. Un doux ronronnement *descendre*[118] d'un minuscule avion qui *naviguer*[119] là-haut. Dans cet épanouissement de l'air et cette fertilité du ciel, il *sembler*[120] que la seule tâche des hommes fût de vivre et d'être heureux. Tout *se taire*[121] en Mersault. Un troisième

éternuement le *secouer*[122], et il *sentir*[123] comme un frisson de fièvre. Alors il *s'enfuir*[124] sans regarder autour de lui, dans le grincement de sa valise et le bruit de ses pas. Arrivé chez lui, sa valise dans un coin, il *se coucher*[125] et *dormir*[126] jusqu'au milieu de l'après-midi.

(Albert Camus: La mort heureuse. In: Cahiers Albert Camus I. Paris: Gallimard 1971, 25–30)

infirme körperbehindert
étincelant, ante strahlend, leuchtend
éblouissant, ante blendend
précoce früh (Blume)
l'aloès (m.) die Aloe
le mur de clôture die Umfassungsmauer
blanchi, ie à la chaux weiß gekälkt
le bahut die Truhe
luire leuchten, glänzen
anguleux, euse eckig
tenir rigueur à qn de qc jm etw. übelnehmen
désintéresser qn jn abfinden
pour le surcroît was den Rest betrifft
la liasse das Bündel
la tranche hier: der Rand, die Kante
à tâtons tastend
le loquet der Riegel
le tuf der Tuffstein
à tire-d'aile pfeilschnell
le ronronnement das Brummen

▶10 Passé simple vs. imparfait vs. plus-que-parfait

Remplacez les infinitifs en italique par les formes demandées par le contexte. [Les chiffres renvoient aux solutions]

Nous *marcher*[1] depuis quelques minutes, Rouletabille et moi, le long d'un mur qui *border*[2] la vaste propriété de M. Stangerson, et nous *apercevoir*[3] déjà la grille d'entrée, quand notre attention *être attirée*[4] par un personnage qui, à demi courbé sur la terre, *sembler*[5] tellement préoccupé qu'il ne nous *voir*[6] pas venir. Tantôt il *se pencher*[7], *se courber*[8] presque sur le sol, tantôt il *se redresser*[9] et *considérer*[10] attentivement le mur; tantôt il *regarder*[11] dans le creux de sa main, puis *faire*[12] de grands pas, puis *se mettre*[13] à courir et *regarder*[14] encore dans le creux de sa main droite. Rouletabille m'*arrêter*[15] d'un geste:
«Chut! Frédéric Larsan qui travaille! ... Ne le dérangeons pas.» Joseph Rouletabille *avoir*[16] une grande admiration pour le célèbre policier. Je ne *voir*[17] jamais, moi, Frédéric Larsan, mais je le *connaître*[18] beaucoup de réputation.
L'affaire des lingots d'or de l'hôtel de la Monnaie, qu'il *débrouiller*[19] quand tout le monde *jeter*[20] sa langue aux chiens, et l'arrestation des perceurs de coffres-forts du Crédit universel *rendre*[21] son nom presque populaire. Il *passer*[22] alors, à cette époque où Joseph Rouletabille ne *donner*[23] pas encore les preuves admirables d'un talent unique, pour l'esprit le plus apte à démêler l'écheveau embrouillé des plus mystérieux et plus obscurs crimes. Sa réputation *s'étendre*[24] dans le monde entier et souvent les polices de Londres ou de Berlin, ou même d'Amérique le *appeler*[25] à l'aide quand les inspecteurs et les détectives nationaux *s'avouer*[26] à bout d'imagination et de ressources. On ne s'étonnera donc point que, dès le

début du mystère de la «Chambre Jaune», le chef de la Sûreté ait songé à télégraphier à son précieux subordonné à Londres, où Frédéric Larsan *être envoyé*[27] pour une grosse affaire de titres volés: «Revenez vite». Frédéric, que l'on *appeler*[28] à la Sûreté le grand Fred, *faire*, pensions-nous, *diligence*[29], sachant sans doute par expérience que, si on le *déranger*[30], c'est qu'on *avoir besoin*[31] de ses services, et, c'est ainsi que Rouletabille et moi, ce matin-là, nous le *trouver*[32] déjà à la besogne. Nous *comprendre*[33] bientôt en quoi elle *consister*[34]. Ce qu'il ne *cesser*[35] de regarder dans sa main droite ne *être*[36] autre chose que sa montre et il *paraître*[37] fort occupé à compter des minutes. Puis il *rebrousser chemin*[38], *reprendre*[39] encore une fois sa course, ne la *arrêter*[40] qu'à la grille du parc, *reconsulter*[41] sa montre, la *mettre*[42] dans sa poche, *hausser*[43] les épaules d'un geste découragé, *pousser*[44] la grille, *pénétrer*[45] dans le parc, *refermer*[46] la grille à clef, *lever*[47] la tête et, à travers les barreaux, nous *apercevoir*[48]. Rouletabille *courir*[49] et je le *suivre*[50]. Frédéric Larsan nous *attendre*[51].

(Gaston Leroux: Le Mystère de la chambre jaune. Paris: Laffont 1961, 35–36)

le lingot d'or der Goldbarren
débrouiller qc etw. aufklären
jeter sa langue aux chiens hier: (den Fall) aufgeben
démêler l'écheveau embrouillé d'un crime ein verwickeltes Verbrechen entwirren
les titres die Wertpapiere, die Effekten
faire diligence sich beeilen
la besogne die Arbeit
rebrousser chemin umkehren, kehrtmachen

11 Passé simple vs. imparfait vs. plus-que-parfait

Traduisez.

Es war einmal ein König, der die schönste Frau der Welt hatte. Sie hatten nur ein kleines Mädchen, das sehr schön war ... Die Prinzessin war beinahe zwanzig Jahre alt, als die Königin krank wurde. Da sie wußte, daß ihr Ende nahte, ließ sie den König rufen: er mußte ihr schwören, daß er sich nur wiederverheiraten würde, wenn er eine schönere Frau als sie fände. Er versprach es, und kurz danach starb sie.
Sehr schnell hatte der König es satt, Witwer zu sein, und er befahl, daß man überall nach einer Frau suche, die schöner sei als die Königin. Aber es gab nur eine, die schöner war; das war die Königstochter. Der König, der sich in den Kopf gesetzt hatte, sich wieder zu verheiraten, erklärte, er werde seine Tochter heiraten. Als die Prinzessin das hörte, war sie untröstlich und lief schnell zu ihrer Freundin, um sie zu fragen, wie sie diese Heirat verhindern könne ...
Ihre Freundin riet ihr, den König vor der Hochzeit nach einem sonnenfarbenen Kleid zu fragen. Der König ließ überall suchen und schließlich fand man ein sonnenfarbenes Kleid. Als man ihr dieses Kleid brachte, war die Prinzessin verzweifelt; sie faßte den Entschluß,

aus dem Schloß zu fliehen, aber ihre Freundin riet ihr, noch zu warten und vom König ein mondfarbenes Kleid zu verlangen. Wieder gelang es dem König, sich ein solches Kleid zu besorgen ...

*(D'après Französisches Märchen, hrsg. u. übertr. von Ré Soupault,
Düsseldorf-Köln: Diederichs 1963, 129–130)*

es satt sein *en avoir assez*
sonnenfarben *de la couleur du soleil*
untröstlich sein *être inconsolable*

▶ 12 Passé antérieur vs. constructions alternatives

Remplacez le passé antérieur, dont l'emploi est considéré comme lourd, selon le cas par une construction infinitive, par une construction participiale ou par un groupe prépositionnel.

1. C'est seulement après qu'il eut été définitivement nommé à Villeneuve qu'il put acheter la maison.
2. Après qu'ils furent partis, il continua à s'amuser jusqu'à deux heures du matin.
3. A peine furent-ils arrivés à la mer que les enfants se précipitèrent dans l'eau.
4. Dès que le nouveau chef du personnel fut arrivé, le climat s'améliora dans l'entreprise.
5. Aussitôt qu'il fut entré en fonctions, le ministre composa son cabinet.
6. Après que l'usine eut été fermée, les ouvriers durent chercher du travail dans la ville voisine distante de 30 kilomètres.
7. Après qu'il eut fermé la porte, il s'aperçut qu'il avait oublié les clés à l'intérieur.
8. Quand il fut arrivé à la fin de son travail, il vit qu'il avait beaucoup travaillé pour pas grand-chose.
9. Après qu'elle fut tombée plusieurs fois, elle apprit tout de même à se tenir convenablement sur ses skis.
10. Une fois qu'il eut été muté à Perpignan, Monsieur Lacoste ne donna plus signe de vie.

10. *muter qn* jn versetzen (Beamten, Angestellten)

Imbrication du discours et du récit [▶ 13–16]

◆ 13 Passé composé vs. passé simple

Rendez compte de la fonction du passé composé et du passé simple dans le texte suivant.

La neige qui n'*a* pas *cessé* de tomber depuis trois jours, bloque les routes. Je n'*ai pu* me rendre à R. ... où j'ai coutume depuis quinze ans de célébrer le culte deux fois par mois. Ce matin trente fidèles seulement *se sont rassemblés* dans la chapelle de La Brévine.
Je profiterai des loisirs que me vaut cette claustration forcée, pour revenir en arrière et raconter comment je *fus amené* à m'occuper de Gertrude.
J'*ai projeté* d'écrire ici tout ce qui concerne la formation et le développement de cette âme pieuse, qu'il me semble que je n'*ai fait* sortir de la nuit que pour l'adoration et l'amour. Béni soit le Seigneur pour m'avoir confié cette tâche.
Il y a deux ans et six mois, comme je remontais de La Chaux-de-Fonds, une fillette que je ne connaissais point *vint* me chercher en toute hâte pour m'emmener à sept kilomètres de là, auprès d'une pauvre vieille qui se mourait. Le cheval n'était pas dételé; je *fis* monter l'enfant dans la voiture, après m'être muni d'une lanterne, car je *pensai* ne pas pouvoir être de retour avant la nuit.
Je croyais connaître admirablement tous les entours de la commune; mais, passé la ferme de la Saudraie, l'enfant me *fit* prendre une route où jusqu'alors je ne m'étais jamais aventuré. Je *reconnus* pourtant, à deux kilomètres de là, sur la gauche, un petit lac mystérieux où jeune homme j'avais été quelquefois patiner. Depuis quinze ans je ne l'avais plus revu, car aucun devoir pastoral ne m'appelle de ce côté; je n'aurais plus su dire où il était et j'avais à ce point cessé d'y penser qu'il me *sembla*, lorsque tout à coup, dans l'enchantement rose et doré du soir, je le *reconnus*, ne l'avoir d'abord vu qu'en rêve.

(A. Gide: La symphonie pastorale. Récits et Soties, Œuvres lyriques. Paris: Gallimard 1958, Bibliothèque de la Pléiade, 877)

le culte der Gottesdienst
la claustration die Zurückgezogenheit
dételer abspannen, ausspannen
le entours (m.) = les alentours (m.)/les environs (m.)
patiner Schlittschuh laufen
le devoir pastoral die seelsorgerische Aufgabe

◆ 14 Passé composé vs. passé simple vs. imparfait

Remplacez les infinitifs en italique en employant selon les cas le passé composé ou le passé simple ou l'imparfait. Identifiez les passages où le passé composé s'emploie à l'exclusion du passé simple. [Les chiffres renvoient aux solutions]

Je *trouver*[1] Cyril à l'entrée du jardin. Il *bondir*[2] vers moi, me *prendre*[3] dans ses bras, me *serrer*[4] violemment contre lui en murmurant des paroles confuses:

– Mon chéri, je *être*[5] tellement inquiet ... Il y a si longtemps ... Je ne *savoir*[6] pas ce que tu *faire*[7], si cette femme te *rendre*[8] malheureuse ... Je ne *savoir*[9] pas que je pourrais être si malheureux moi-même ... (...)
– Moi non plus, *dire*[10] je.
En fait, cela me *surprendre*[11] et me *émouvoir*[12] à la fois. Je *regretter*[13] d'avoir si mal au cœur, de ne pouvoir lui témoigner mon émotion:
– Que tu es pâle, *dire*[14] il. Maintenant, je vais m'occuper de toi, je ne te laisserai pas maltraiter plus longtemps.
Je reconnaissais l'imagination d'Elsa. Je *demander*[15] à Cyril ce qu'en *dire*[16] sa mère.
– Je la lui *présenter*[17] comme une amie, une orpheline, *dire*[18] Cyril. Elle est gentille d'ailleurs, Elsa. Elle me *raconter*[19] tout au sujet de cette femme. C'est curieux, avec un visage si fin, si racé, ces manœuvres d'intrigante.
– Elsa *exagérer*[20] beaucoup, *dire*[21] je faiblement. Je *vouloir*[22] lui dire justement que ...
– Moi aussi, j'ai quelque chose à te dire, *couper*[23] Cyril. Cécile, je veux t'épouser. (...)
– Ce n'est pas possible, *balbutier*[24] je. Mon père ...
– Ton père, je m'en charge, *dire*[25] Cyril.
– Anne ne voudra pas, *dire*[26] je. Elle prétend que je ne suis pas adulte. Et si elle dit non, mon père le dira aussi. Je suis si fatiguée, Cyril, ces émotions me coupent les jambes, asseyons-nous. Voilà Elsa.
Elle *descendre*[27] en robe de chambre, fraîche et lumineuse. (...)
Elle me *faire*[28] asseoir avec mille ménagements, comme si je *sortir*[29] de prison.
– Comment va Raymond? *demander*[30] elle. Sait-il que je *venir*[31]? Elle *avoir*[32] le sourire heureux de celle qui *pardonner*[33], qui espère. Je ne *pouvoir*[34] pas lui dire, à elle, que mon père l'avait oubliée et à lui que je ne *vouloir*[35] pas l'épouser. Je *fermer*[36] les yeux. Cyril *aller chercher*[37] du café. Elsa *parler*[38], *parler*[39], elle me *considérer*[40] visiblement comme quelqu'un de très subtil, elle *avoir*[41] confiance en moi. (...)
– Je *avoir beau*[42] chercher, je ne *trouver*[43] pas de solution, *dire*[44] Elsa.
– Il n'y en a pas, *dire*[45] Cyril. C'est un engouement, une influence, il n'y a rien à faire.
– Si, *dire*[46] je. Il y a un moyen. Vous n'avez aucune imagination.

(Françoise Sagan: Bonjour tristesse. Paris: Julliard 1955, 104–107)

l'orphelin, ine das Waisenkind

un engouement eine Schwärmerei

▶ 15 Alternance du discours et du récit dans un genre particulier: le fait divers

Dans certains genres journalistiques, par exemple dans le «fait divers», on trouve des textes «hésitants» contenant des passages au **discours** alternant avec d'autres au **récit**.
Le **passé composé** est utilisé, dans ce cas-là, pour la présentation générale de l'événement

ainsi que pour les conclusions, alors que le **passé simple** sert à la narration du déroulement des actions.

Exemple:

Trois maisons détruites

Un repas de première communion *a été interrompu*, hier, par un violent incendie qui *a détruit* trois habitations à l'écart du village de V. près d'A.	**discours** (présentation générale)
C'est au moment de se mettre à table que la famille X., réunie pour fêter la première communion de sa fille Elisabeth, *fut alertée* par des odeurs suspectes. Le feu *avait pris* dans le grenier, complèment isolé puisque la maison X. et celles des deux voisins, M. Y., cultivateur et M. Z. sont situées à plus de 700 mètres du village et démunies de téléphone. Il *fallut* un certain temps avant de pouvoir donner l'alerte. A l'arrivée des pompiers de V., le feu *s'était propagé* aux trois maisons qu'il *ravageait*. Plus de cinquante soldats du feu, venus des centres de M., F. et D. *s'unirent* pour combattre difficilement un foyer qui *s'était étendu* avec une terrible rapidité. Aucune bouche à incendie ne *se trouvait* à proximité des maisons sinistrées et c'est en organisant une navette de camions-citernes que les pompiers *furent approvisionnés* en eau.	**récit** (déroulement des actions)
Les trois maisons *ont été* complètement *détruites*. (...) Les causes du sinistre n'*ont pu être établies*, mais *feront* l'objet d'une enquête ouverte par la gendarmerie d'A.	**discours** (conclusions)

a) **Remplacez** dans le texte suivant les verbes en italique par les formes verbales demandées par le contexte tout en tenant compte de la répartition entre discours et récit exposée ci-dessus.

Un violent incendie aux conséquences tragiques *se produire* hier matin à Naours au domicile de M. et Mme Fournier, rue du Cul-de-Sac. Il *être* 9 h 15 environ lorsqu'une voisine, Mme Wielgosik, *constater* le sinistre et *alerter* les pompiers locaux. Ceux-ci, très vite sur place, *être rejoints* rapidement par leurs collègues du centre de secours d'Amiens. Mais dans la maison en flammes ce *être* déjà le drame.
Parents et sauveteurs *se rendre compte* en effet très vite que la petite Leïla, l'une des deux

enfants de M. et Mme Fournier qui *être âgée* de deux ans, *rester* dans sa chambre au premier étage de la maison. Le père *tenter* d'accéder à cette chambre mais il *devoir* malheureusement abandonner, les flammes étant violentes et la fumée particulièrement épaisse. Informés de cette situation, les pompiers *faire*, dès leur arrivée sur les lieux, l'impossible pour sauver l'infortunée fillette avec d'autres moyens. En fait, ils ne *pouvoir* situer la petite Leïla dans la pièce car elle *prendre peur* sans doute et *quitter* son lit (...). Lorsqu'elle *être retrouvée* enfin, la fillette *cesser* de vivre et le médecin mandé d'urgence, ne *pouvoir* que constater le décès. La petite fille *être asphyxiée*.
Les gendarmes de la brigade de Beauval, *se rendre* sur place et *ouvrir* une enquête afin d'établir les causes de ce tragique incendie.

(La Voix du Nord 11–3–1983)

b) Même exercice

Un jeune homme tué par son père en Seine-et-Marne

M. Gilbert Thomas, cinquante-trois ans, le receveur du bureau de poste d'Ozouer-le-Voulgis (Seine-et-Marne) *tuer*, mardi 4 février, d'un coup de fusil de chasse son fils qu'il *prendre* pour un cambrioleur. M. Thomas *laisser* en liberté, l'enquête de gendarmerie ayant en effet révélé que ce *être* à la suite d'une terrible méprise qu'il *tuer* son fils Jean-Paul, vingt-sept ans, chauffeur de car, qui *vivre* avec ses parents dans l'appartement situé au-dessus du bureau de poste.
Jean-Paul Thomas *partir* mardi, très tôt comme d'habitude, pour se rendre à son travail, mais ayant oublié quelque chose, il *revenir* à la maison. Son père, réveillé en sursaut par le bruit de la porte, *se lever* et *se rendre* en haut de l'escalier armé de son fusil de chasse qui *rester* toujours dans sa chambre, car il *être* déjà victime de deux hold-up. Apercevant une ombre qui *monter* l'escalier et pensant qu'il *s'agir* une nouvelle fois d'un cambrioleur, le receveur des postes *tirer* au jugé; découvrant alors que la victime *être* son propre fils, M. Gilbert Thomas, désespéré, *appeler* d'urgence les secours et Jean-Paul *conduire* à l'hôpital de Melun, où il *mourir*.

(Le Monde 7–2–1986)

la bouche à incendie der Hydrant
la navette hier: Pendelverkehr
le sinistre (Brand-, Flut-, Erdbeben-) Katastrophe
a) *mander qn d'urgence* jn dringend kommenlassen
être asphyxié, ée erstickt sein

b) *le receveur (d'un bureau de poste)* Vorsteher, Leiter (eines Postamtes)
être réveillé, ée en sursaut aus dem Schlaf auffahren
tirer au jugé ungefähr in die Zielrichtung schießen

16 L'imparfait «journalistique»

Dans le langage journalistique, l'imparfait est parfois employé comme un temps verbal marquant une action de premier plan normalement exprimée par le passé simple ou le passé composé.

Indiquez lesquels des imparfaits du texte suivant sont des imparfaits «journalistiques» remplaçables, en l'occurrence, par le passé simple.

Les enquêteurs de la brigade centrale des stupéfiants (...) ont saisi à Paris, dans un casier de la consigne de la gare de l'Est, vingt kilos d'héroïne pure. Trois trafiquants ont été arrêtés. (...) Au début de l'année, les policiers *apprenaient* par un informateur qu'un certain Jacques Lacoste, originaire de la Grand-Terre (Gironde), demeurant 32, rue de Moscou, à Paris (8e), *s'apprêtait* à participer à un transport de drogue entre la France et les Etats-Unis sous la direction d'un trafiquant bien connu, Jérôme Leca, originaire de Marseille, domicilié 11, rue Lepic, à Paris (18e). Lacoste fut pris en filature et repéré le 4 janvier alors qu'il *retirait* deux cantines métalliques vides d'un casier de la consigne automatique de la gare de l'Est. Le lendemain il *se rendait* en train à Marseille où il *était rejoint* par Leca, qui lui *voyageait* en avion. Les deux hommes *prenaient* contact dans la cité phocéenne avec deux individus connus dans les milieux de trafiquants de drogue (...). La semaine dernière, ces deux hommes *venaient* subitement en voiture à Paris où ils *remettaient* à Lacoste les deux valises métalliques toujours vides – on ignore pourquoi – avant de redescendre dans le Midi. Des surveillances très strictes *permettaient* aux enquêteurs de supposer qu'une livraison de drogue *était* imminente. Effectivement, Lacoste *était repéré* une nouvelle fois le 10 avril autour de la consigne automatique de la gare de l'Est. Un inconnu non identifié fut aperçu alors qu'il *déposait* un sac de voyage dans un casier proche de celui où Lacoste avait remisé ses deux cantines. Les policiers décidèrent alors de passer à l'action et de faire ouvrir les casiers suspects; le sac de voyage *contenait* quarante sachets de cinq cents grammes d'héroïne pure de première qualité: vingt kilos au total. La drogue fut saisie et les arrestations opérées simultanément à Paris et en province.

(Le Figaro 17–4–1974)

la brigade des stupéfiants etwa: das Rauschgiftdezernat
le casier das Fach
la consigne die Gepäckaufbewahrung
le trafiquant der Rauschgifthändler
prendre qn en filature jn beschatten
la cantine métallique der Metallkoffer
la cité phocéenne die phokäische Stadt (= Marseille)
remiser qc etw. ab/einstellen

▶ 17 Révision de quelques emplois typiques portant sur l'opposition entre le passé composé/passé simple et l'imparfait

1. Es regnete. Herr Dubois nahm seinen Regenschirm und ging aus dem Haus. Er winkte eines der Taxis heran, die auf der anderen Straßenseite warteten.
2. Herr Dupont, der im Wohnzimmer las, hörte draußen Stimmen: Es waren Hausbewohner, die zu später Stunde heimkehrten.
3. Früher war sein Bruder längst nicht so seriös wie heute. Jedesmal, wenn er nach Paris fuhr, verbrachte er einen Abend auf Montmartre. Eines Tages passierte ihm eine seltsame Geschichte.
4. Sein Bruder ist letztes Jahr mehrmals nach Paris gefahren. Jedesmal verbrachte er einen Abend auf Montmartre.
5. Immer wenn er die Wohnung verließ, legte Herr Meyer den Schlüssel unter die Matte.
6. Frau Meyer legte den Wohnungsschlüssel unter die Matte, da sie wußte, daß ihr Mann seinen vergessen hatte.
7. Ludwig XIV. regierte von 1661 bis 1715.
8. Welcher französische König regierte, als die Französische Revolution ausbrach?
9. Die Verhandlungen liefen schon seit Monaten. Noch immer war man zu keiner Einigung gekommen.
10. Die Verhandlungen dauerten einen Monat. Die beiden Delegationen trennten sich, ohne zu einer Einigung gekommen zu sein.
11. Die Luftstreitkräfte griffen den Feind an, der im Rückzug begriffen war.
12. Die Polizei hat Tränengasgranaten gegen die Demonstranten eingesetzt, woraufhin sich diese zurückzogen.
13. Als der Pianist anfing zu spielen, verstummten die Zuhörer.
14. Bevor der Pianist anfing zu spielen, wendete er sich noch einmal den Zuhörern zu: Diese schwiegen in Erwartung des Konzerts.
15. Die beiden haben sich als Studenten kennengelernt. Als sie sich schließlich entschlossen zu heiraten, kannten sie sich schon fünf Jahre.
16. Wann bist du aus dem Haus gegangen? Ich frage, weil ich mehrmals versucht habe, dich anzurufen und sich niemand gemeldet hat.

1. ein Taxi heranwinken *faire signe à un taxi*
2. der Hausbewohner *le locataire*
5. die Matte *le paillasson*
9. zu einer Einigung kommen *arriver à un accord*
11. die Luftstreitkräfte *les forces aériennes*
12. Tränengasgranaten einsetzen *lancer des grenades lacrymogènes*
    der Demonstrant *le manifestant*
13. die Zuhörer *le public*
14. sich jm zuwenden *se tourner vers qn*
16. sich am Telefon melden *ici: décrocher/répondre*

Chapitre 15
Le discours rapporté

Présentation générale

Le terme de **discours rapporté** désigne les différentes modalités d'intégration d'un énoncé dans un autre énoncé. La citation d'un énoncé à l'intérieur d'un autre énoncé peut se réaliser à travers trois stratégies distinctes, dont les différentes formes sont le discours direct, le discours indirect et le discours indirect libre.

- Le **discours direct** préserve l'indépendance du discours cité. Celui-ci est présenté entre guillemets et annoncé par un verbe introducteur.

  Exemple:

Luc m'a dit dimanche:	*«Je vais partir demain.»*
situation d'énonciation 2	situation d'énonciation 1

  Les éléments linguistiques tels que les pronoms personnels *(m', je)*, les déictiques temporels *(demain)* et les temps verbaux renvoient chacun à la situation d'énonciation dans laquelle ils se situent.

- Le **discours indirect** enlève toute autonomie au discours cité; celui-ci est complèment subordonné à l'énonciation du verbe introducteur.

  Exemple:

  Luc m'a dit dimanche qu'il allait partir le lendemain.
  situation 2 efface les marques de situation 1

  Le discours cité est réinterprété à partir de la situation d'énonciation du rapporteur. Il y a donc transformation des pronoms personnels *(je → il)*, des déictiques temporels *(demain → le lendemain)*, des temps verbaux *(vais → allait)* en fonction des données de la situation du rapporteur.

- Le **discours indirect libre** appartient à la langue écrite et particulièrement au roman à partir du XIXe siècle. Il combine les moyens propres aux deux autres formes de discours rapporté.

  Exemple:

  Paul sourit. Aujourd'hui tout marchait bien. Il allait réussir.

  L'emploi des imparfaits *marchait, allait,* qui obéissent à la concordance des temps du discours indirect, s'associe à l'emploi du déictique *aujourd'hui* qui est typique du discours direct: ce mélange est caractéristique du discours indirect libre.

Le discours indirect libre conserve, comme le discours direct, les traces de l'énonciateur du discours cité (déictiques), et introduit, comme le discours indirect, le point de vue «extérieur» du rapporteur du discours cité.

Les exercices suivants portent avant tout sur le discours indirect. Le discours indirect n'est pas, comme le suggère parfois la description dans les grammaires traditionnelles, le résultat d'une transformation mécanique d'énoncés au discours direct. En effet, le discours indirect n'est pratiquement jamais une reproduction fidèle du discours direct, mais comporte toute une série de possibilités de restructurer le discours originel. Dans une perspective essentiellement morphologique et syntaxique qui est la nôtre, on s'est pourtant limité à mettre en évidence la transposition des pronoms et des déterminants, des déictiques temporels et locaux ainsi que des temps verbaux.

H GE chap. 4; GhF chap. 20

Transformation du discours direct en discours indirect [▶ 1–5]

▶ 1 Transposition des pronoms, des déterminants, des indications temporelles et des temps verbaux

Mettez les phrases suivantes **au discours indirect** en tenant compte de l'information de départ.

Quand j'ai vu Jacqueline il y a trois semaines environ, elle m'a dit …

1. «Si aujourd'hui j'avais dîné en ville avec mon amie comme j'avais prévu de le faire, je n'aurais pas eu la chance de te rencontrer.»
2. «Je vais au théâtre ce soir à moins que je sois obligée de faire des heures supplémentaires au bureau.»
3. «Je n'ai pas le temps de sortir avec toi cette semaine.»
4. «Téléphone-moi demain matin ou dans trois jours pour qu'on fixe un rendez-vous dans le courant de la semaine prochaine.»
5. «Après-demain je serai à Caen.»
6. «La semaine dernière je suis allée en Allemagne rendre visite à mes amis de Mayence.»
7. «L'autre jour, Patrick est venu me voir avec ses parents.»

8. «J'ai téléphoné à Patrick il y a deux jours pour qu'il n'oublie pas de t'inviter à la soirée que nous avons prévu de faire à l'occasion de ton retour.»
9. «Il m'a rappelée hier soir pour me dire qu'il n'avait pas pu te joindre.»
10. «Moi non plus d'ailleurs, je n'ai pas pu te joindre ce matin.»

▶ 2 Interrogation directe et interrogation indirecte

Transformez l'interrogation directe en interrogation indirecte en tenant compte de l'information de départ.

a) Quelques minutes après avoir quitté son ami Jacques, Alain parle de cette rencontre à son frère:
Quand j'ai rencontré Jacques tout à l'heure, je lui ai demandé ...

1. «Tu as vu ta sœur cette semaine?»
2. «Est-ce que tu sais si elle ira à Paris au mois d'août?»
3. «Comment s'est-elle débrouillée pour obtenir ce poste?»
4. «Tu m'en veux encore à cause de ce qui s'est passé entre nous avant-hier?»
5. «Qu'est-ce que tu fais ce soir?»
6. «Qu'est-ce qui s'est passé hier soir chez toi?»
7. «Tu en as déjà parlé à qui aujourd'hui?»
8. «Qui est-ce que je pourrais encore prévenir d'ici demain?»
9. «Qui est-ce qui t'accompagnera demain soir?»
10. «Qui est ce type?»
11. «Quel sera son rôle dans l'association?»
12. «Il habite où?»

b) Un mois après, Jacques rend visite à son ami Patrick et lui parle de sa dernière rencontre avec Alain.
Alain m'a demandé ...

▶ 3 Interrogation indirecte introduite ou non par le verbe *savoir*

Transformez l'interrogation directe en interrogation indirecte en commençant celle-ci par les éléments indiqués.

Exemple:

Est-ce que Pierre viendra?

o J'ai hâte …	J'ai hâte de *savoir si* Pierre viendra.
o Je me demande …	Je *me demande si* Pierre viendra.

1. Comment peut-on réparer cet appareil?
   - o Expliquez-moi …
   - o Je suis impatient …
   - o Ce qui m'intéresse surtout, c'est …
   - o Excusez-moi, mais je n'ai pas très bien compris …
   - o Je me suis souvent posé la question …
2. On trouve encore des pièces de rechange pour ce modèle?
   - o Je ferais bien réparer cet appareil mais j'ignore …
   - o Je suis curieux …
   - o Avant de faire quoi que ce soit, la question est …
   - o Je ne me suis jamais préoccupé …
   - o Pourriez-vous me dire …
3. Où peut-on se procurer ces pièces de rechange?
   - o Je lui ai demandé …
   - o Je me suis fait expliquer …
   - o Je lui ai demandé de se renseigner …
   - o Je l'ai interrogé …
   - o Je l'ai prié de vérifier …
4. Cela vaut-il la peine d'engager des frais?
   - o Jusqu'ici je ne m'étais jamais soucié …
   - o Avant de prendre une décision définitive, j'attends …
   - o Dites-moi …
   - o Il s'agit pour moi avant tout …
   - o Je vais réfléchir …

2. *la pièce de rechange* das Ersatzteil   3. *se procurer qc* sich etw. beschaffen

4 Discours indirect: phrases complexes et verbes introducteurs

Mettez les phrases suivantes au discours indirect. Faites des phrases complexes à partir des phrases simples en utilisant des verbes tels que *ajouter, conseiller, demander, proposer, prier* et des conjonctions appropriées, s'il y a lieu.

> **Exemple:**
>
> Pierre a dit: «Je vais aller voir des amis. Mais j'ai du travail. Alors je ne rentrerai pas trop tard.»
> Pierre a dit qu'il allait voir des amis, *mais il a ajouté* que, *comme* il avait du travail, il ne rentrerait pas trop tard.

J'ai rencontré Pierre au début de l'année ici à Lyon. Depuis je ne l'ai plus revu. Voilà ce qu'il m'a dit alors ...

1. «Il y a longtemps qu'on ne te voit plus. Où est-ce que tu étais la semaine dernière? Je suis passé plusieurs fois chez toi et il n'y avait personne.»
2. «Tu pourrais dire bonjour à Claudine de ma part? Dis-lui aussi que je suis arrivé et qu'elle vienne me voir lundi prochain.»
3. «J'ai appris que tu allais te marier cette année. Ton amie, elle a quel âge? Qu'est-ce qu'elle fait? Tu la connais depuis longtemps?»
4. «Je ne suis pas ici demain et après-demain. Mais tu peux me téléphoner ce week-end. S'il ne se passe rien entre-temps, on pourra sortir ensemble.»
5. «C'est vrai que tu veux acheter une voiture? Un bon conseil: n'achète pas la même que moi. A mon avis, elle n'est pas encore au point.»
6. «Allons dans un café. Il fait trop froid dehors pour discuter. Et puis j'ai un petit peu de temps maintenant. J'ai rendez-vous avec un client seulement dans deux heures. En plus, ce n'est pas loin d'ici.»

5 Discours indirect et discours indirect libre

Remplacez les infinitifs en italique par les formes demandées par le contexte.

Peu après, le patron m'a fait appeler (...). Il m'a déclaré qu'il *aller* me parler d'un projet encore très vague. Il *vouloir* seulement avoir mon avis sur la question. Il *avoir* l'intention d'installer un bureau à Paris qui *traiter* ses affaires sur la place, et directement, avec les grandes compagnies et il *vouloir* savoir si je *être* disposé à y aller. Cela me *permettre* de vivre à Paris et aussi de voyager une partie de l'année. «Vous êtes jeune, et il me semble que c'est une vie qui doit vous plaire.» J'ai dit que oui mais que dans le fond cela me *être*

égal. Il m'a demandé alors si je ne *être* pas intéressé par un changement de vie. J'ai répondu qu'on ne *changer* jamais de vie, qu'en tout cas toutes *se valoir* et que la mienne ici ne me *déplaire* pas du tout. Il a eu l'air mécontent, m'a dit que je *répondre* toujours à côté, que je ne *avoir* pas d'ambition et que cela *être* désastreux dans les affaires. (...)
Le soir, Marie est venue me chercher et m'a demandé si je *vouloir* me marier avec elle. J'ai dit que cela me *être* égal et que nous *pouvoir* le faire si elle le *vouloir.* Elle a voulu savoir alors si je la *aimer*. J'ai répondu comme je l'avais déjà fait une fois, que cela ne *signifier* rien mais que sans doute je ne la *aimer* pas. «Pourquoi m'épouser alors?» a-t-elle dit. Je lui ai expliqué que cela ne *avoir* aucune importance et que si elle le *désirer,* nous *pouvoir* nous marier. D'ailleurs, ce *être* elle qui le *demander* et moi je me *contenter* de dire oui. Elle a observé alors que le mariage *être* une chose grave. J'ai répondu: «Non». Elle s'est tue un moment et elle m'a regardé en silence. Puis elle a parlé. Elle voulait simplement savoir si je *avoir* accepté la même proposition venant d'une autre femme, à qui je *être* attaché de la même façon. J'ai dit: «Naturellement». Elle s'est demandé alors si elle me *aimer* et moi, je ne pouvais rien savoir sur ce point. Après un autre moment de silence, elle a murmuré que je *être* bizarre, qu'elle me *aimer* sans doute à cause de cela mais que peut-être un jour je la *dégoûter* pour les mêmes raisons. Comme je me taisais, n'ayant rien à ajouter, elle m'a pris le bras en souriant et elle a déclaré qu'elle *vouloir* se marier avec moi. J'ai répondu que nous le *faire* dès qu'elle le *vouloir*. Je lui ai parlé alors de la proposition du patron et Marie m'a dit qu'elle *aimer* connaître Paris. Je lui appris que j'y *avoir* vécu dans un temps et elle m'a demandé comment ce *être*. Je lui ai dit: «C'est sale. Il y a des pigeons et des cours noires. Les gens ont la peau blanche.»

(Albert Camus: L'Etranger.
Paris: Gallimard 1957,
Le livre de poche, 63–65)

Transposition du discours indirect allemand en discours indirect français [▶ 6–8]

▶ 6 Thème

Traduisez.

Bloch fragte das Mädchen, ob es in der Mittagspause nach Hause gehe. Das Mädchen antwortete, sie sei nicht aus dem Ort, sie komme jeden Morgen mit dem Zug; zu Mittag setze sie sich in ein Café oder bleibe mit ihrer Kollegin hier im Laden. Bloch fragte, ob sie jeden Tag eine Rückfahrkarte kaufe. Das Mädchen erwiderte, sie fahre mit einer Wochenkarte. „Was kostet die Wochenkarte?“ fragte Bloch sofort. Bevor das Mädchen aber antwortete, sagte er, das gehe ihn ja nichts an. Trotzdem nannte das Mädchen den Preis. Die Kollegin

(...) sagte: „Warum fragen Sie, wenn es Sie nichts angeht?" Bloch, der schon aufgestanden war, (...) ging hinaus.

(Peter Handke: Die Angst des Tormanns beim Elfmeter. Frankfurt/M.: Suhrkamp, 1970, 59–60)

die Wochenkarte *la carte hebdomadaire*

das geht ihn etw. an *cela le regarde*

7 Thème

Traduisez.

Katharina Blum (...) gab an, daß sie Angst habe, es sei ihr nämlich (...) etwas ganz und gar Scheußliches passiert. Kurz nachdem sie mit Götten telefoniert, den Hörer gerade aufgelegt habe, habe wieder das Telefon geklingelt, sie habe in der „wilden Hoffnung", es sei wieder Götten, sofort den Hörer abgenommen, aber es sei nicht Götten am Apparat gewesen, sondern eine „fürchterlich leise" Männerstimme habe ihr (...) lauter „gemeine Sachen" gesagt, (...), und das Schlimmste sei, der Kerl habe sich als Hausbewohner ausgegeben (...). Ja, es sei dieser Anruf der Grund gewesen, warum sie noch in der Nacht zu Else gekommen sei. Sie habe Angst, sogar Angst vor dem Telefon, und da Götten ihre, sie aber nicht Göttens Telefonnummer habe, hoffe sie immer noch auf einen Anruf, fürchte aber gleichzeitig das Telefon.

(Heinrich Böll: Die verlorene Ehre der Katharina Blum. Köln: Kiepenheuer & Witsch 1974, 101–103)

fürchterlich leise *d'une voix très étouffée/effroyablement sourde*

gemeine Sachen *des choses dégoûtantes*

der Hausbewohner *le locataire*

8 Thème

Traduisez.

Das Gespräch war wieder in Gang gekommen. Die Gräfin F. unterhielt sich mit Herrn K. über seinen Sohn. Herr P. sprach mit seiner Frau, er freue sich schon sehr auf den nächsten Gang, Graf F. redete mit dem jungen P., und schließlich fragte ich Frau K., ob ihr der Fisch geschmeckt habe; ja, und der Wein sei doch wirklich frisch und herb, passe wunderbar zu dem delikaten Fisch. Herr P. erkundigte sich laut, ob wohl noch eine halbe Forelle zu haben wäre. Die Gräfin Th. stand auf, legte ihre Serviette hinter sich auf den Stuhl; sie wolle nachsehen gehen, dann könne sie auch gleich sehen, wo ihr Mann sei. Sie kam nach kurzer Zeit wieder, es tue ihr außerordentlich leid, die restlichen Fische seien schon vom Personal, auch von ihrem Mann, gegessen worden, aber sie könne versprechen, der Braten werde Herrn P. entschädigen. Ihr Mann, fügte sie hinzu, wolle erst nach dem Essen zu ihnen stoßen, er bereite jetzt den Mokka zu, er fühle sich heute nicht wohl und man möge ihn bitte entschuldigen.

(D'après Christian Grote: Alles ist schön zu seiner Zeit. Erzählungen. Frankfurt/M.: Suhrkamp 1968, 72–73)

er freut sich auf ... *il lui tarde de faire qc/il est impatient de faire qc*
der Gang *le plat*
jn entschädigen *dédommager qn*
zu jm stoßen *se joindre à qn*

9 Révision

Traduisez.

1. Die Regierung hat erklärt, die Arbeitgeber seien erst in 2 Monaten zu neuen Verhandlungen bereit. Vor 3 Wochen hatte sie noch behauptet, Arbeitgeber und Arbeitnehmer würden sich am darauffolgenden Wochenende treffen.
2. Der Minister erklärte, er habe alles getan, was in seiner Macht stehe. Nun ist die Opposition neugierig, ob er das, was er versprochen hat, auch einhält.
3. Die Behauptung, daß der französische Landwirtschaftsminister alles getan habe, was er könne, wurde von Gewerkschaftsvertretern in Frage gestellt.
4. Im Eifer der Diskussion rief Herr M., er werde unverzüglich die Sitzung verlassen, wenn Herr A. nicht zurücknehme, was er gesagt habe. Wenn man ihn rechtzeitig informiert hätte, hätte er alles getan, was in seiner Macht stehe. Daraufhin sagte Herr B. ihm, er solle sich nicht aufregen.
5. Der Minister hat erklärt, daß alles getan werde, um die Reform der Sozialversicherung durchzusetzen. Er hat angekündigt, daß eventuell die Steuern erhöht würden, falls dies notwendig sei.
6. Die Vertreter der Arbeitnehmer haben dem Sparprogramm der Regierung zugestimmt. Es fragt sich nun, ob sie bereit sind, auch die notwendigen politischen Konsequenzen zu ziehen. Das wird von der Frage abhängen, ob sich die von der Regierung angekündigten Maßnahmen als wirkungsvoll erweisen.
7. Der Arbeitsminister hat zugegeben, daß er über die augenblickliche Wirtschaftslage beunruhigt sei. Er betonte jedoch, er gebe die Hoffnung nicht auf, durch geeignete Maßnahmen die Arbeitslosigkeit verringern zu können. Es sei jedoch besser, die Bevölkerung jetzt aufzuklären, als den Ernst der Lage zu verschleiern. Die Regierung

werde ihr Bestes tun, um die Arbeitsplätze zu sichern; allerdings werde es eine Reihe von Unternehmen nicht vermeiden können, eine Reduzierung ihres Personals vorzunehmen.

2. etw. steht in meiner Macht *qc est en mon pouvoir*
   ein Versprechen einhalten *tenir une promesse*
3. der Landwirtschaftsminister *le ministre de l'Agriculture*
   der Gewerkschaftsvertreter *le délégué syndical*
4. im Eifer der Diskussion *dans le feu de la discussion*
   die Sitzung *la séance*
   etw. zurücknehmen *retirer qc*
5. eine Reform durchsetzen *faire passer une réforme*
6. dem Sparprogramm zustimmen *approuver le plan d'austérité/donner son accord au plan d'austérité*
7. etw. zugeben *reconnaître qc/avouer qc*
   geeignet *approprié, ée/ adéquat, ate*
   jn aufklären *informer qn*
   den Ernst der Lage verschleiern *dissimuler la gravité de la situation*
   Arbeitsplätze sichern *garantir l'emploi*

Sources

Page

44/45	La Corse. Hachette, Paris 1985
102/103	Max Frisch: Tagebuch 1966–1971, Fragebogen, S. 58–62. Suhrkamp Verlag, Frankfurt/M. 1974
162	R. Queneau: Exercices de style, p. 56–57. Editions Gallimard, Paris 1947
162/163	Annie Ernaux: La Place, p. 11–13. Editions Gallimard, Paris 1983
163	Peter Handke: Der kurze Brief zum langen Abschied, S. 49. Suhrkamp Verlag, Frankfurt/M. 1972
164–166	Sempé/Goscinny: Les vacances du petit Nicolas, p. 41–42. Editions Denoël, Paris 1983
166/167	Annie Ernaux: La Place, p. 112–113. Editions Gallimard, Paris 1983
167	Hans Erich Nossack: Spätestens im November, S. 35. Rowohlt, Reinbek 1968
169	Marguerite Duras: Les Petits Chevaux de Tarquinia, p. 7–8. Editions Gallimard, Paris 1953
172	Albert Camus: La mort heureuse. Dans: Cahiers Albert Camus I, p. 25–30. Editions Gallimard, Paris 1971
173	Gaston Leroux: Le Mystère de la chambre jaune, p. 35–36. Editions Laffont, Paris 1961
174	Französische Märchen, hrsg. u. übertr. von Ré Soupault, S. 129–130. Verlag Eugen Diederichs, Köln 1963
175	A. Gide: La symphonie pastorale. Récits et Soties, Œuvres lyriques, p. 877. Editions Gallimard, Paris 1958
175/176	Françoise Sagan: Bonjour tristesse, p. 104–107. Editions Julliard, Paris 1955
185/186	Albert Camus: L'Etranger, p. 63–65. Editions Gallimard, Paris 1957
186/187	Peter Handke: Die Angst des Tormanns beim Elfmeter, S. 59–60. Suhrkamp Verlag, Frankfurt/M. 1970
187	Heinrich Böll: Die verlorene Ehre der Katharina Blum, S. 101–103. Verlag Kiepenheuer & Witsch, Köln 1974
188/189	Christian Grote: Alles ist schön zu seiner Zeit. Erzählungen, S. 72–73. Suhrkamp Verlag, Frankfurt/M. 1968

Der Verlag dankt den genannten Personen, Institutionen und Unternehmen für ihre freundliche Genehmigung zum Abdruck von Copyright-Material, soweit sie erreicht werden konnten. Trotz intensiver Bemühungen konnte mit den Copyright-Inhabern einiger verwendeter Texte kein Kontakt hergestellt werden. Für entsprechende Hinweise wäre der Verlag dankbar.

Günther Zimmermann

Grammatik im Fremdsprachenunterricht der Erwachsenenbildung

Ergebnisse empirischer Untersuchungen
Reihe: Forum Sprache
104 Seiten, kt. ISBN 3-19-006609-4

Das Buch informiert über die Ergebnisse mehrjähriger Untersuchungen zum Grammatikunterricht in der Erwachsenenbildung. Insgesamt gaben über 300 in der Erwachsenenbildung tätige Kursleiter in schriftlichen Befragungen und Interviews Auskunft über ihre Aus- und Fortbildung, Unterrichtsvorbereitung, Ziele und Methoden sowie ihre Einstellung zu den Kursteilnehmern und zum Grammatikunterricht, wie sie ihn wahrnehmen und wie sie ihn verändern möchten. Aus den gewonnenen Daten ergeben sich wichtige Hinweise zur Verbesserung des Fremdsprachenunterrichts in der Erwachsenenbildung.

Elisabeth Ayad/Christine Sautermeister

La traduction allemand-français

Difficultés du texte, essai de traduction, commentaire, bilan, exercices et lexique
Reihe: Forum Sprache
288 Seiten, kt. ISBN 3-19-006981-6

20 einfache bis anspruchsvolle Texte aus den Bereichen: Belletristik, Landeskunde, Feuilleton sowie der Literatur- und Kulturkritik.
Jedes Kapitel ist gleich aufgebaut: Einführung in die Textprobleme, Musterübersetzung mit ausführlichen Kommentaren, Bilanz zur Lernkontrolle, geordnet nach Grammatik, Syntax, Lexik und Stilistik.
Ein Wort- und Sachregister am Ende des Buches verweist auf die wichtigsten Wörter und Schlüsselbegriffe.
Ein Arbeitsbuch für die Vorbereitung auf die Magister-, Lehramts-, Übersetzer- oder Dolmetscherprüfung.